納得の英文法教室

Let's Figure Out English Grammar

内山九十九 著

Z会

はじめに

『納得の英文法教室』と題された本書を手にしているあなたは，英語が得意か不得意かは別にして，「英文法を学ぼう」という気持ちが間違いなくあるのだと思います。

では，「英文法を学ぶ」とはどういうことでしょうか？

ネイティブではない英語学習者にとって，「英文法を学ぶ」ということは，地球征服をたくらむ異星人が，「地球を理解する」ことに例えることができる，と私は思います。地球全体を理解しようとするなら，細々した国や地域からではなく，まず，一番大きなかたまりである大陸ごとの特徴をつかむことから始めるでしょう。ユーラシア大陸やアフリカ大陸など，大陸ごとの大きな理解から，だんだんと大陸内の国や地域などの，小さな理解へ。こうすることで，地球の全体像が，最終的にはより速く，より深く，見えてくるのだと思うのです。

**「大から小へ」物事を把握していくことは効率がよいですし，
何より理解しやすいのですね。**

「英文法を学ぶ」ことも同じです。まず，複雑で細かいルールから覚えようとするのではなく，例外の少ない，いろいろなところで活きてくる基本的な原則や，品詞や文型などの特徴を大きくしっかりつかむことが大事です。その後で，英文中の中心的な存在である動詞の特徴を理解し，その動詞が形を変えた *doing* や *to do* などの働きを…と，大から小へ見ていくことを心がけると，英文法が身につくスピードは速くなり，記憶から消えにくくなります。

本書は,「中学校で習うことはおぼろげにわかるけれど, その先の文法はお手上げ」という方を対象にしています。複雑で細かい用語やルールを極力省き,「大から小へ」を意識して書きました。この流れに沿って学習を進めてもらえれば, 英文法の全体像がすんなりとつかめることでしょう。

　また, 自分で例に出しておいて恐縮なのですが, 異星人と学習者には大きな違いがあります。それは「気持ち」です。異星人には地球を征服しようという殺伐としたもくろみがあるかもしれませんが, 英語を学習しようという人には, そんな殺伐とした気持ちがあるわけはないですよね。英文法が少しでもわかるようになれば, 気づかぬうちに勉強することが楽しくなってきますし, その後の学習もどんどん進むようになるでしょう。

　今では, こうして英文法の本を書いている私ですが, 英語を学び始めた頃は散々なものでした。小文字のbとd, pとqの違いがわからず泣き明かした夜もあったほどです。しかし, 今こうして英語を教える立場にあるのは, 学生時代にたまたま聞いたラジオ英語講座が非常に面白くて, 英語学習に対して「楽しい」という気持ちを持てたからなのです。

　しかし, 英語の勉強が「楽しい」と思える人は, 今でも決して多いとは言えません。皆さんはいかがですか？ 実際に教壇に立っているとわかります。授業を受ける前から, 当時の私と同様に, 英語を「楽しい」と思っている生徒は少数派なのだということが。

　では, どうすれば生徒に「楽しい」という気持ちを伝えられるのか？

　　　　　それは「英語を『納得』して理解すること」でした。
　　　そのために,「英文法を学ぶ」ことがどうしても必要になってくるのです。

「外国語なんだから，そのまま体得しましょう」
「入試に出るんだから，覚えなさい」
「TOEICに出ますよ！覚えましょう」

　英語はどうしても暗記中心のイメージがあることでしょう。しかし，このように言われて「楽しい」と思える人はほとんどいないでしょうし，不満感が募るばかりだと思います。この嫌なイメージを払拭してくれるのが，英語の根底にある英文法なのです。英文法を通して英語の世界を見れば，「納得」ひいては，その先に「楽しさ」を感じることができます。

「英文法に対する苦手意識がなくなって，勉強が楽しくなった」
「英語は今まで嫌いだったけど，少しずつ好きになってきました」

　こんな声を教室の生徒の方からいただくことがあります。こういう意識の変化があれば，結果は確実についてきます。本書を手に取っていただいたあなたにも，そんな意識の変化が訪れたら，著者としてこれほど嬉しいことはありません。

　本書では，その教室内の雰囲気，先生と生徒のやりとりの中にある「納得」と「楽しさ」を，読者の皆さんにも感じてもらうことを重視しています。登場する生徒二人が抱えている悩みや苦しさ，そして，それが解消された時の晴れ晴れとした気持ちに共感してもらえるのではないかと思います。

それでは，『納得の英文法教室』スタートです！
内山九十九

CONTENTS ―もくじ

はじめに ··· 3
この本の使い方 ·· 10

Lesson 0　品詞って何ですか？―基礎だからこそ，大切な知識 ······ 14
　0-01　必須の6品詞をマスター！ ··· 16
　0-02　文の要素がわかれば，英語の全体像がわかる！ ················ 18
　0-03　文型から動詞の意味がわかる！ ······································· 22

SECTION 1　主役は動詞です

Lesson 1　S・V・O・Cって本当に大切ですか？―文型 ············ 28
　1-01　第1文型の動詞は「存在する／移動する」 ·························· 30
　1-02　第2文型の動詞は「Cだ／Cになる」 ································· 31
　1-03　第3文型の動詞は「Oに力を及ぼす」 ······························· 32
　1-04　第4文型の動詞は「O₁にO₂を与える」 ····························· 34
　1-05　第5文型の動詞は「OをCだと言う・思う／
　　　　OをCにする・させる」 ··· 35

Lesson 2　受動態ってどう使えばいいですか？―態 ·················· 40
　2-01　能動態⇔受動態　形の変化のおさらい ···························· 42
　2-02　受動態はOが1つ減る！
　　　　→Oがなくなる！第3文型の受動態 ······································ 43
　2-03　Oが1つになる！第4文型の受動態 ··································· 46
　2-04　Cしかない！第5文型の受動態 ··· 48

Lesson 3　現在形は【今のことだけ】を表すのですか？―動詞の形1 ····· 54
　3-01　*do*・*does* は「近い」 ·· 56
　3-02　*did* は「遠い」 ··· 58
　3-03　*doing* は「途中」 ·· 59
　3-04　「途中」なんてない動詞 ··· 60
　3-05　have [has] はいつでも同じ！ ·· 61
　3-06　*done* は「より前」 ··· 62

Lesson 4　過去形は【昔のことだけ】を表すのですか？―動詞の形2 ····· 68
　4-01　*do*・*does* は「近い→ありえる」 *did* は「遠い→ありえない」 ··· 70

6

SECTION 2　動詞が形を変えて，脇役になります

Lesson 5　句・節って何ですか？―語と句と節 ……………… 80
　5-01　「かたまり」の働きを見抜く！ ……………………… 82
　5-02　形容詞1語→名詞の前から詳しくする
　　　　形容詞2語以上→名詞の後ろから詳しくする ……… 85
　5-03　かたまりの見た目にとらわれない！ ……………… 88

Lesson 6　メガフェプスという例の呪文，覚えなくてはいけませんか？
　　　　― *doing*・to *do*・*do*・*done* 1 ……………… 94
　6-01　*doing* は「はっきりしていること」 ……………… 96
　6-02　to *do* は「ぼんやりしていること」 …………… 98
　6-03　*doing* と to *do* のイメージを徹底する！ …… 100

Lesson 7　使役動詞と知覚動詞ってどんな動詞ですか？
　　　　― *doing*・to *do*・*do*・*done* 2 ……………… 106
　7-01　動詞の基本の意味を意識しよう！ ……………… 108
　7-02　Cの位置に来る *doing*／to *do*／*do*／*done* … 110
　7-03　使役／知覚動詞という呼び名に惑わされない！ … 114
　7-04　*doing* と *done* は能動と受動の関係 ………… 116

Lesson 8　○○的用法，分詞構文って何ですか？
　　　　― *doing*・to *do*・*do*・*done* 3 ……………… 122
〈Part Ⅰ〉　8-01　to *do* は名詞の働きをする！ ……………… 124
　8-02　形容詞として働く to *do* は名詞を詳しくする！ … 126
　8-03　副詞として働く to *do* は動詞を詳しくする！ …… 127
〈Part Ⅱ〉　8-04　*doing* も名詞の働きをする！ ……………… 134
　8-05　形容詞として働く *doing* は名詞を詳しくする！ … 136
　8-06　副詞として働く *doing* は動詞を詳しくする！ …… 137
　8-07　形容詞の働きをする *done* …………………… 139
　8-08　副詞の働きもする *done* ……………………… 141

Lesson 9　interesting と interested の違いは何ですか？
　　　　― *doing*・to *do*・*do*・*done* 4 ……………… 146
　9-01　*doing* は「感情の原因」，
　　　　done は「結果として感情を持つこと」 ………… 148

Lesson 10　意味上の主語ってどういう意味ですか？
　　　　　── *doing*・*to do*・*do*・*done* 5 ························· 156
〈Part Ⅰ〉　10 - 01　to *do* の主語を表す！ ························· 158
　　　　　10 - 02　to *do* を否定する！ ··························· 160
　　　　　10 - 03　to *do*「より前」を表す！ ························ 162
〈Part Ⅱ〉　10 - 04　名詞 *doing* の主語を表す！ ···················· 170
　　　　　10 - 05　名詞 *doing* を否定する！ ························ 171
　　　　　10 - 06　名詞 *doing*「より前」を表す！ ···················· 172
　　　　　10 - 07　副詞 *doing*・*done* の主語を表す！ ··············· 173
　　　　　10 - 08　副詞 *doing*・*done* を否定する！ ················· 175
　　　　　10 - 09　副詞 *doing*・*done*「より前」を表す！ ············· 176

SECTION 3　どんなものでも比べます

Lesson 11　not as ～ as …の意味はなぜ「…ほど～ではない」になるんですか？
　　　　　──比較表現 1 ·· 184
　　　　　11 - 01　比較表現の基本をおさらいしよう！ ················ 186
　　　　　11 - 02　not as ～ as …は「同じではない」を表す！ ········· 187
　　　　　11 - 03　than は「同じではない」を表す！ ·················· 190
　　　　　11 - 04　最上級は 3 者間以上の比較 ·························· 192

Lesson 12　…than she used to be ってどう訳せばいいですか？
　　　　　──比較表現 2 ·· 198
　　　　　12 - 01　共通点があるから，相違点を比べられる！ ·········· 200
　　　　　12 - 02　相違点が名詞とは限らない！ ······················· 202
　　　　　12 - 03　形容詞だって比べられる！ ························· 203
　　　　　12 - 04　動詞だって比べられる！ ··························· 204
　　　　　12 - 05　何でも比べるのが比較 ····························· 206

Lesson 13　not more than と no more than は意味が違うんですか？
　　　　　──比較表現 3 ·· 212
　　　　　13 - 01　than ～はあくまで「＞」「≠」 ····················· 214
　　　　　13 - 02　not more than ～は「≦」 ·························· 215
　　　　　13 - 03　no 比較級 than ～は「＝」 ························· 216
　　　　　13 - 04　as・than の前には「言いたいこと」，
　　　　　　　　　後ろには「わかっていること」が来る ·············· 220

SECTION 4　文が接続詞とともに脇役になります

Lesson 14　who・whom・whose ってどう使い分けるんですか？
　　　　　　—関係詞 1 ··· 228
　　14 - 01　関係詞によってできるかたまりは (M) ···················· 230
　　14 - 02　関係代名詞は人 or モノの代わりをする！ ················ 232
　　14 - 03　関係詞を置く場所はいつも同じ ····························· 234
　　14 - 04　前置詞＋関係代名詞の語順は OK！ ························ 235
　　14 - 05　whose は名詞とセットになる形容詞の働き ············· 237

Lesson 15　場所を表す語句の後は where ではないのですか？
　　　　　　—関係詞 2 ··· 242
　　15 - 01　where は副詞 <M> ·· 244
　　15 - 02　関係詞の使い分けはあくまで文構造で決まる！ ······· 247
　　15 - 03　関係副詞 where, when, why の使い分けは，
　　　　　　前にある名詞が決める！ ·· 249
　　15 - 04　先行詞不要の what と how ······································ 250

Lesson 16　whoever や no matter who って何のために使うんですか？
　　　　　　—関係詞 3 ··· 256
　　16 - 01　any も ever も強調の働き ······································· 258
　　16 - 02　no 〜は「〜がゼロ」, matter は「重要性」 ············ 262
　　16 - 03　ever を意識しすぎない！ ······································· 264

Lesson 17　関係詞の that と接続詞の that ってどう違うんですか？
　　　　　　— that・whether・if ··· 270
　　17 - 01　普通の接続詞は，かたまり内では働かない！ ·········· 272
　　17 - 02　接続詞 that は「〜という（こと）」 ······················· 273
　　17 - 03　whether の使い分けも文構造が重要 ······················ 276
　　17 - 04　if の使い分けも文構造が重要 ·································· 278
　　17 - 05　ほとんどの接続詞は <M> の働き ··························· 280

おわりに ·· 284

この本の使い方

今からご紹介する3つのSTEPに沿って，学習を進めていきましょう。

STEP 1　英文法について考えてみる

◀ **Introduction**
該当Lessonで扱う文法項目について，「どのような文法項目を扱うか」「なぜそのルールを学ぶ必要があるのか」などを交えながら，簡単に説明していきます。日本語の例を出しながら話をしていきますので，英文法が今までより身近に感じられるはずですよ。
【使う際のポイント】
・あまり構えることなく読んでみましょう。

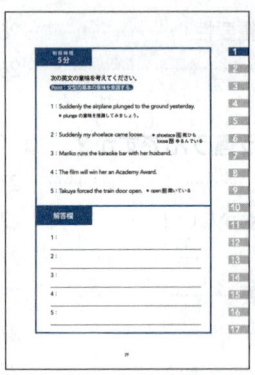

◀ **例題**
英文和訳を中心に，問題を5問程度出しています。Pointを参考にしながら，解答してみてくださいね。ルールはこれから学びますので，チャレンジ精神を持って取り組んでみましょう。ここで考えれば考えるほど，講義の内容が印象に残ること間違いなしです。
【使う際のポイント】
・必ず自分で考えてから，次のページに進みましょう。
・わからなくても不安に思わず，次ページ以降で疑問を解決していきましょう。

STEP 2　英文法の使い方に納得する

◀ Lecture
前のページで取り組んだ例題を見ながら，さまざまなルールを確認していきます。先生が一人で語っていく形式ではなく，読者の皆さんと同じ目線に立った生徒二人にも登場してもらいました。（その二人については，次のページで紹介しています。）

ここで，講義中に出てくる二つのマークについてご説明しましょう。

◀ 気づきマーク
生徒の二人が Lecture の中で気づいた部分にマークをつけています。英文法は「納得」して初めて，自分の身になりますので，この「気づき」を大事にしてください。

◀ デキる人の！視点
英語がデキる人は，「どのように英文を見ているのか」を示しています。Lecture を読み進めていくことで，読者の皆さんもこのように見えるようになりますよ。

【使う際のポイント】
・Lecture の内容を理解できるまで，じっくり読み込んでいきましょう。
・「！（気づき）マーク」がついている部分は確実に身につけましょう。
・ルールを意識しながら，英文を何度も音読してみましょう。

次に紹介する二人と一緒に教室で学んでいくことになります。実際に教室にいる感覚で，学習を進めていってくださいね。

【クラスメイト】

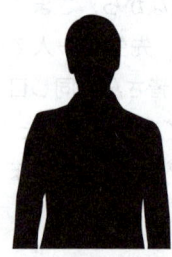

男性
・名前：馬場誠（ばばまこと）さん
・年齢：22歳
・英文法に対するイメージ：
「暗記しろ」と言われたら，割り切って暗記しようと思うけれど，丸暗記に限界を感じている。

女性
・名前：小金澤洋子（こがねざわようこ）さん
・年齢：31歳
・英文法に対するイメージ：
そもそも暗記の強制が嫌。英語の勉強は嫌いではない。

この二人が英文法に対して持っているイメージは他の生徒からもよく聞くものです。前提が「英文法は暗記するもの」という声が本当に多いですね。

皆さんが英文法に対して抱くイメージはどのようなものですか？

多くの方が持つ「英文法は暗記するものだから，難しい」という悩みは，この本を読めば確実に解消されます！ひたすら暗記する学習から脱却しましょう。

STEP 3　英文法を自分で実際に使う！

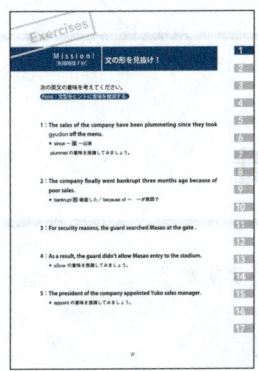

◀ Exercises

5問程度の問題を出題しています。例題同様，Pointを意識しながら取り組んでみてください。

Lectureで身につけたルールをフル活用して，問題に挑戦してみましょう。すぐに使うからこそ，定着度が一層増します。

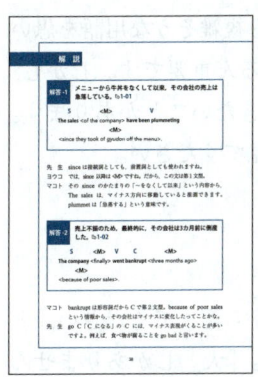

◀解説

Lecture同様，生徒二人と一緒に問題を見ていきます。ルールがしっかり使えたか確認してください。

各問題の解説には，⇨を付けています。解答が間違っていた問題やわからなかった問題に出会った際は，リンク先に戻って，Lectureの内容を再確認してみてください。

【使う際のポイント】

・Lectureを読み終えた勢いで問題に取り組んでみましょう。
「わかる」快感を味わうことができますよ。
・Lecture同様，ルールを意識しながら，英文を何度も音読してみましょう。

Lesson-0

Write the date when you start!
month/day　　　　　／

品詞って何ですか？
── 基礎だからこそ, 大切な知識

　さて, 英文法と聞いて, 皆さんは何を思い浮かべますか？

　受動態, 現在完了形, 不定詞, 動名詞, 関係代名詞…

　このような中学や高校の授業で出てくるいかにも複雑そうな用語を思い出す人が多いでしょう。これらの文法項目はもちろん重要です。しかし, こういったものを学ぶ前にどうしても確認しておきたいことがあります。それはとても単純なものです。例えば, 次の文を見てください。

公園にいた　？　に餌をあげた。

　この　？　に入る語を「犬」「大きい」「太く」から選んでください, と言われれば, 何が入るのかすぐにわかるでしょう。「犬」しかありませんね。

　では, なぜ「犬」が入るとすぐにわかるのでしょう？ それは, 日本語の品詞を理解しているからです。

「品詞って何？」と思われた方，ここでじっくりと学んでいく必要がありますね。「品詞なんて知ってるよ」と思われた方，自信を持って理解できていると本当に言えますか？

　品詞は英文法を学習する上で，大前提となる部分です。ここをきちんと理解するだけで，Lesson 1 以降で学ぶ英文法はまったく違って見えますから，一緒に 1 つずつ確認していきましょう！

「Lesson 1 に入る前にこんなに覚えることがあるのか…」

と悲観的にならないでくださいね。一度で無理に暗記しようとするのではなく，Lesson 1 以降で実際の場面で使いながら少しずつ身につけていきましょう。少しでも不安だなと思ったら，必ずこの Lesson 0 に戻ってきてください。

　それでは，前置きが長くなりましたが，次のページから 1 問 1 答形式で英語の基本中の基本を見ていくことにします。

0-01 必須の6品詞をマスター！

まずは，英文に「必ず」と言っていいほど出てくる6つの品詞から確認します。それほど大事な品詞たちですから，使い方がいつでもスッと出てくるよう理解してくださいね。

Q1	名詞って何ですか？
A1	人やモノの名前を表す語です。

＊ people や dog, idea などですね。

Q2	動詞って何ですか？
A2	人やモノの動作や状態を表す語です。

＊ go や come, have, get などですね。

Q3	形容詞って何ですか？
A3	名詞を詳しくする語です。

＊ happy や nice, big などですね。
　big dogs のように，名詞を詳しくします。

Q4	副詞って何ですか？
A4	名詞以外を詳しくする語です。

＊very や suddenly などです。very なら，very happy（とても幸せ）のように形容詞を詳しくしますし，suddenly なら，He came to my house suddenly.（彼は私の家に突然来た。）のように動詞を詳しくしますね。他にもいろいろ詳しくしますので，名詞以外を詳しくしていたら副詞だと理解しましょう。

Q5	前置詞って何ですか？
A5	名詞とセットになって，かたまりを作る語です。

＊in や on，with，for などが有名ですね。in Japan や on the table のように，名詞とセットになります。

Q6	接続詞って何ですか？
A6	文法上同じ単位のものをつなぐ語です。

＊and や but，or，because などが有名ですね。

0-02 文の要素がわかれば，英語の全体像がわかる！

　品詞の次は「文の要素」です。前のところで品詞の説明を細かくしていたのは，この「文の要素」をおさえるためだったんです。要素と言うくらいですから，英文を組み立てる上で必須の部品・パーツだと思ってください。どれだけ複雑な英文も「文の要素」さえ見抜ければ，すっきり見えるようになりますよ！

Q7	主語 (S) って何ですか？
A7	文中の「〜は／〜が」にあたるものです。

＊英語で主語を"Subject"と言うので，略してSとします。
＊Sになるのは必ず名詞です。
＊I love you.（私はあなたを愛している。）と言った場合のIのことです。

Q8	動詞 (V) って何ですか？
A8	主語 (S) の動作や状態を表す語です。「〜する／〜だ」にあたるものです。

＊英語で動詞を"Verb"と言うので，略してVとします。
＊Vになるものはもちろん動詞です。
＊I love you. と言った場合の love のことです。

Q9	目的語(O)って何ですか？
A9	動詞(V)の動作を受ける名詞です。 「〜を／〜に」にあたるものです。

* 英語で目的語を"Object"と言うので，略してOとします。

* I love you. と言った場合の you のことです。I の love を受けるのが you ですよね。

Q10	補語(C)って何ですか？
A10	動詞の力を借りて，名詞を説明する語句です。

* 英語で補語を"Complement"と言うので，略してCとします。

* I am happy.（私は幸せです。）と言った場合の happy のことです。happy は am という動詞の力を借りて，I の説明をしています。

Q11	修飾語 (M) って何ですか？

A11	表現を詳しくする語句です。

＊英語で修飾語を"Modifier"と言うので，略して M とします。

＊英文中の SVOC 以外はすべて修飾語です。文中に M があればあるだけ英文を読み違える原因になりますので，M の代表例を確認しておきましょう。

- □副詞
- □「前置詞 + 名詞」のかたまり
- □時・距離・量などを表す名詞
- □冠詞（the ／ a, an）や代名詞の所有格（例. my ／ your）など名詞にくっつく語

＊本書では，名詞を詳しくする M を (M)，名詞以外を詳しくする M を〈M〉とします。

＊名詞にくっつく例としては，the small house（その小さな家）の the・small や your big bag（あなたの大きなバッグ）の your・big のようなものです。それぞれ house と bag にくっついて，名詞を詳しくしていますね。

　さて，ここまで学んできた「文の要素」というパーツを組み合わせれば，文が成立します。しかし，むやみに組み合わせればいいというわけではありません。これらの「文の要素」の並べ方を知る必要があります。実際の英文を見ながら，SVOCM がどのように使われているかを見ていきましょう。ここまで整理できれば，英語の基本はマスターできたも同然ですよ！

　そろそろ Lesson 0 も辛くなってきた頃（？）でしょうから，このあたりで一緒に勉強を進めていく 2 人にも加わってもらいましょう！彼らと切磋琢磨しながら，英語力をレベルアップさせてくださいね。

制限時間
5分

次の英文の意味を，辞書を使わずに，考えてください。

Point：それぞれの語句の働きに注目する。

1：Yesterday Elena left for New York.

2：Suddenly shoppers made for the emergency exit.

3：He became angry in the bar.

4：The crowd went wild in the stadium.

解答欄

1：

2：

3：

4：

0-03 文型から動詞の意味がわかる！

問題
1：Yesterday Elena left for New York.
2：Suddenly shoppers made for the emergency exit.

先　生　1から早速見ていきましょう。
マコト　1は簡単に日本語にできましたよ。leave for ～は「～に向けて出発する」と覚えましたからね。
ヨウコ　「昨日，エレナはニューヨークに向けて出発した」ですね。
先　生　その通りです。ここで，**文の要素に目を向けてほしいんですよ**。
マコト　SV…などですよね。えーと，Yesterdayは副詞だから <M>。次に SV があって，for New York は前置詞 for＋名詞のかたまりで <M> だ。
先　生　はい，よく見抜けています。では，次に2を見ていきたいのですが，うまく日本語にできましたか？
マコト　made がよくわからなかったです…。「作った」という意味だと合いません…。
ヨウコ　made for ～という熟語なのでは？
先　生　熟語と言えば熟語なんですが，**何でも熟語として覚えてしまうのはとてももったいない**です。1の英文同様，文の要素に目を向けると，あることに気づきますよ。
ヨウコ　あ，この文も <M>SV<M> だわ。

```
       <M>         S    V       <M>
   <Yesterday> Elena left <for New York>.
              ★文の形が同じ！
       <M>           S    V        <M>
   <Suddenly> shoppers made <for the emergency exit>.
```

先　生　そうです。このような文の形のことを，文型と言います。

マコト　文型？　あの難しそうなやつですよね…。

先　生　はい，文型って普段意識していますか？　ここで文型ごとの代表的な意味を確認しておきましょう。敬遠するものではなく，むしろ歓迎すべきものなんです。

基本5文型	代表的な意味
第1文型（ＳＶ）	Ｓは存在する／Ｓは移動する
第2文型（ＳＶＣ）	ＳはＣだ／ＳはＣになる
第3文型（ＳＶＯ）	ＳはＯに力を及ぼす
第4文型（ＳＶＯ$_1$Ｏ$_2$）	ＳはＯ$_1$にＯ$_2$を与える
第5文型（ＳＶＯＣ）	ＳはＯをＣだと言う・思う／ＳはＯをＣにする・させる

◆Ｓになる … 名詞
◆Ｖになる … 動詞
◆Ｃになる … 名詞か形容詞
◆Ｏになる … 名詞
◆Ｍになる … 名詞以外 = 20ページで取り上げた4つの代表例

ヨウコ　えっ？ **文型ごとに動詞の意味が決まっているんですね！**

マコト　なるほど。じゃあ，**made** も **left** も第1文型を作っているので「移動した」という同じような意味を持つということですか？

先　生　その通りです。

ヨウコ　しかも前置詞の for も一緒です！

先　生　for は「目的地」を示す働きがあるので，「移動する」という意味の動詞とは相性がいいんです。これで2の文の意味がわかるのでは？

マコト　「突然，買い物客は，非常口に向かった」ですね。

先　生　バッチリです。この勢いで3と4の文を見てみましょう。2つの文の文型に注目して比較してみてください。

問題　3：He became angry in the bar.
　　　　4：The crowd went wild in the stadium.

マコト　両方とも SVC<M> ですね。

デキる人の！視点

　　　　S　V　C　　<M>
　　　He became angry <in the bar>.

　　　　　　S　V　C　　<M>
　　　The crowd went wild <in the stadium>.

　　　★文の形が同じ！

ヨウコ　ここでは became と went は文型が同じで，意味の系統が同じということですね。

マコト　じゃあ，went も「なった」って意味だ。become は「～になる」という意味だし。3 は「彼はバーで怒った」で，4 は「観衆はスタジアムで，大騒ぎした」ですね。

ヨウコ　文型の大切さが段々と身に染みてきました！

先　生　文型から動詞の意味がわかることを実感できたようですね。やはり意識すべきは，文の形ですよ！

解答
1：昨日，エレナはニューヨークに向けて出発した。
2：突然，買い物客は非常口に向かった。
3：彼はバーで怒った。
4：観衆はスタジアムで，大騒ぎした。

先　生　よく文型を見抜くことができましたね。各文型の詳しい使い方と例文は Lesson 1 で見ていきましょう。前にも言ったように，品詞や文の要素，文型の基本について迷ったら，Lesson 0 にすぐ戻ってきて確認してくださいね！

SECTION-1

主役は動詞です

英文中の主役は何といっても動詞です。
動詞によって，英文の語順も，意味も決まるのです。
英語の世界は動詞を攻略することから始まります。

Lesson-1

Write the date when you start!
month/day　　／

S・V・O・Cって本当に大切ですか？
――文型

　　Lesson 1 では文の形を見抜く力をつけてもらいます。まずは，日本語でウォーミングアップをしておきましょう。次の文の「さくっと」の前後にどんな言葉が入るか予想してみてください。

　　　　　？　　さくっと，　　　？　　　。

できましたか？ 早速，解答例を見てみましょう。

この天ぷら，ホントにさくっと，揚がっていますね。
おらは，やっぱ，秋田さくっと，うれすくなるだよ。

上のような内容を思い浮かべた人が多いのではないでしょうか？ ですが，下のような解答もないわけではないですね。　極端な例ですが，同じ「さくっと」でも前後の表現によって，ずいぶん意味や使い方が変わってしまうものですね。さて，本題の英語を見てみましょう。

　　　　　？　　　made　　　？　　．

　　この文では，made は必ず「作った」という意味になるでしょうか？ この意味は，日本語同様，全文を見ないとわからないのです。ヒントはLesson 0 で学んだ文型にありますよ！

制限時間
5分

次の英文の意味を考えてください。

Point：文型の基本の意味を意識する。

1：Suddenly the airplane plunged to the ground yesterday.
　　＊plunge の意味を推測してみましょう。

2：Suddenly my shoelace came loose.　　＊shoelace 图 靴ひも
　　　　　　　　　　　　　　　　　　　　loose 形 ゆるんでいる

3：Mariko runs the karaoke bar with her husband.

4：The film will win her an Academy Award.

5：Takuya forced the train door open.　＊open 形 開いている

解答欄

1：

2：

3：

4：

5：

Lecture

1-01 第1文型の動詞は「存在する／移動する」

問題 1：Suddenly the airplane plunged to the ground yesterday.

マコト　plunged って見たことも聞いたこともない…。
ヨウコ　動詞の plunged 以外はそんなに難しい単語ではないのに…。
先　生　いきなり絶望感を味わう必要はありません。文型は見えましたか？
マコト　plunged って -ed という形からして動詞の過去形ですよね。
ヨウコ　Suddenly は確か「突然」という意味の副詞，to the ground は前置詞 to と名詞のセット，yesterday は時を表す名詞だから，全部 <M> ですね。
マコト　だから，Lesson 0 (23ページ) で習ったように，**第1文型か**。「Sは存在する／Sは移動する」が基本の意味だったな。

デキる人の！ 視点

```
         <M>         S      V       <M>         <M>
     <Suddenly> the airplane plunged <to the ground> <yesterday>.
              ★第1文型…Sは存在する／Sは移動する
```

マコト　「昨日，突然，その飛行機は，地面に向かって」に続くんだから，「存在した」よりは「移動した」？
ヨウコ　飛行機だから「着陸した」ですかね？
先　生　いいところまできていますよ。to は「終着点」を示しますし，しかも，Suddenly ということは予想外だったはずですので，「着

陸」ではないですね。
マコト 「墜落した」だ！
先　生 正解です。最初の絶望感はどこかへ行ってしまったのでは？
ヨウコ やった！ plunged は見たことも聞いたこともなかったのに，**文の形と前後の情報から意味を推測できました！**
先　生 文型が役に立つことを実感してもらえたようですね。

解答　1：昨日，突然，その飛行機は地面に墜落した。

1-02　第2文型の動詞は「C だ／ C になる」

問題　2：Suddenly my shoelace came loose.

ヨウコ 「靴ひもは来た」では変ですよね…。なんか怖い。
マコト loose を無視しているしね。
先　生 そうですね。**動詞で困ったときは文の形。文型を確認しましょう！**
マコト Suddenly は副詞。loose は形容詞とあるけど，名詞にくっついているわけじゃないから (M) じゃないな。
ヨウコ 形容詞単独の場合は C ですよね！ O は名詞のはずですから。
先　生 では，第何文型ですか？
ヨウコ **第2文型です。「S は C だ」っていう状態か，「S は C になる」の変化を表します。**Suddenly の意味から考えて，「変化」ですかね。

> デキる人の！視点
>
> ```
>           <M>       S      V     C
> <Suddenly> my shoelace came loose.
> ★第2文型…SはCだ／SはCになる
> ```

先　生　その通り。**第2文型はbe動詞やbecomeなど代表的な動詞が限られています。その動詞で置き換えると，第2文型のどんな動詞も意味がすぐにわかるようになりますよ！** 例えば，become に置き換えてみてください。

マコト　became loose って言ってるのと同じということは，「突然，私の靴ひもがゆるんだ」という意味になる！

解答	2：突然，私の靴ひもがゆるんだ。

1-03　第3文型の動詞は「Oに力を及ぼす」

問題	3：Mariko runs the karaoke bar with her husband.

先　生　runs は「走る」という意味でしょうか？　もう体に染み付いている意味かもしれませんが，ここでも文型の確認に徹してみてください。

ヨウコ　やはりここでも文型なのね。まず，Mariko runs で SV。

マコト　with her husband は前置詞 with で始まっているから，<M>。the karaoke bar は動詞の後ろの名詞だから，OかCだ。多分，

　　　　　O だけど，自信がもてない…。
先　生　よく迷ってしまうところですね。O か C か判断に迷った時は，次のように考えてください。

> **英文中の動詞を be 動詞に置き換える！**

　　　　3 は次のように置き換えてみてくださいね。

　　　　Mariko is the karaoke bar.

　　　　be 動詞に置き換えて意味が成り立つ場合は C です。
マコト　「マリコはカラオケバーである」…ありえない。
ヨウコ　ということは，ここは C じゃなくて O ですね。
先　生　初めのうちは，意識して O と C の区別をしてくださいね。慣れてくれば意識せずとも，すぐに見分けられますよ。
マコト　じゃあ，SVO だから，第3文型で「S は O に力を及ぼす」か。

デキる人の！
視点

　　　　S　　V　　　O　　　　　<M>
　　　　Mariko runs the karaoke bar <with her husband>.
　　　　★第3文型…S は O に力を及ぼす

マコト　マリコは夫とカラオケバーに力を及ぼす…。
先　生　カラオケバー「を走らせている」とも考えられますよね。
ヨウコ　あ…「カラオケバーを経営している」と考えればいいですか？
先　生　正解です。単語の典型的な意味にとらわれず，文の形から意味を判断しましょう！

解答　3：マリコは夫とそのカラオケバーを経営している。

1-04 第4文型の動詞は「O₁にO₂を与える」

問題 4：The film will win her an Academy Award.

マコト 「その映画は，アカデミー賞を取ると思います」でどうですか？
先　生 her の意味はどこにいっちゃいましたか？ ここでも丁寧に文の形を把握するところからスタートしましょう。
マコト ですよね…。The film will win で SV。her は O。
ヨウコ 後ろにある an Academy Award も名詞。名詞ということは，OかCですね。これも，3と判断方法は一緒ですか？
先　生 はい，be動詞を使ってお互いの関係を確認します。ただし，今度はSではなくO (her) との関係です。

　　　　She is an Academy Award.

ヨウコ 「彼女はアカデミー賞だ」…？ 文が成り立たない場合はCではなくOですね。
マコト じゃあ，<u>この文は第4文型だ。「SはO₁にO₂を与える」</u>だね。

デキる人の！視点

　　　　　S　　V　　O₁　　　O₂
The film will win her an Academy Award.
　★第4文型…SはO₁にO₂を与える

マコト だから，この文の意味は「その映画は，彼女にアカデミー賞を与えるだろう」ですね。

ヨウコ	ちょっと不自然な日本語ね。自然な感じにすると「この映画で，彼女はアカデミー賞が取れるでしょう」というところですか？
先　生	バッチリです。**第4文型を作る動詞を見たら，代表的な動詞 give の意味を意識しましょう！**

解答	4：この映画で，彼女はアカデミー賞を取るだろう。

1-05　第5文型の動詞は「OをCだと言う・思う／OをCにする・させる」

問題	5：Takuya forced the train door open.

マコト	forced？ 動詞の過去形ですね。名詞なら「力」という意味ですよね。
ヨウコ	それを動詞として使うなら「力を加える」という意味でしょうか？
先　生	はい，そのように考えてもらって構いませんが，単語の意味よりは…
マコト	まずは文型！
ヨウコ	Takuya forced は SV で，the train door は O ですね。
マコト	open は形容詞。でも，the train door の後にきているところは名詞にくっついてるわけじゃないから (M) ではないな。これは C ですね！
先　生	バッチリ理解できていますよ。**名詞にくっついてない形容詞はだいたい C と考えて問題ないですね。**
マコト	じゃあ，open は the train door の説明をしているってことだ。
ヨウコ	この文は <u>SVOC</u> で第5文型。「**S は O を C だと言う・思う／O を C にする・させる**」という意味ですね。

> デキる人の!
> 視点
>
> 　　　　　S　　V　　　O　　　　C
> **Takuya forced the train door open.**
> ★第5文型…SはOをCだと言う・思う／OをCにする・させる

ヨウコ　force は「力を加える」という意味だから,「言う・思う」とは考えにくいですね。「タクヤは,力を加えて,電車のドアを開いている状態にした」…ということは？

マコト　「タクヤは電車のドアをこじ開けた」ですね！

解答	5：タクヤは電車のドアをこじ開けた。

先　生　文型を使いこなすコツはわかりましたか？　ここまで学習してきた5つの文型を23ページで改めて確認しておいてくださいね！

気づきのまとめ ❕❕❕

　　Question：S・V・O・Cって本当に大切ですか？
　　Answer　：文の形を見抜いて,動詞の意味を理解する
　　　　　　　上で欠かせないものです。

すぐに使ってみよう! ➡ ➡ ➡ ➡

Exercises

Mission! [制限時間7分] 文の形を見抜け！

次の英文の意味を考えてください。
(Point：文型をヒントに意味を推測する。)

1 : The sales of the company have been plummeting since they took *gyudon* off the menu.
   * since 〜 圏 〜以来

   plummet の意味を推測してみましょう。

2 : The company finally went bankrupt three months ago because of poor sales.
   * bankrupt 形 破産した／ because of 〜　〜が原因で

3 : For security reasons, the guard searched Masao at the gate .

4 : As a result, the guard didn't allow Masao entry to the stadium.
   * allow の意味を推測してみましょう。

5 : The president of the company appointed Yuko sales manager.
   * appoint の意味を推測してみましょう。

解　説

解答-1　メニューから牛丼をなくして以来，その会社の売上は急落している。 ↳1-01

```
  S              (M)           V
The sales (of the company) have been plummeting
                      <M>
<since they took gyudon off the menu>.
```

先　生　since は接続詞としても，前置詞としても使われますね。
ヨウコ　では，since 以降は <M> ですね。だから，この文は第1文型。
マコト　その since のかたまりの「〜をなくして以来」という内容から，The sales は，マイナス方向に移動していると推測できます。plummet は「急落する」という意味です。

解答-2　売上不振のため，最終的に，その会社は3カ月前に倒産した。 ↳1-02

```
    S       <M>    V      C         <M>
The company <finally> went bankrupt <three months ago>
       <M>
<because of poor sales>.
```

マコト　bankrupt は形容詞だから C で第2文型。because of poor sales という情報から，その会社はマイナスに変化したってことかな。
先　生　go C「C になる」の C には，マイナス表現がくることが多いですよ。例えば，食べ物が腐ることを go bad と言います。

解答-3	警備員は，安全上の理由から，ゲートでマサオの身体検査をした。↳1-03

```
        <M>                  S        V       O      <M>
<For security reasons,> the guard searched Masao <at the gate> .
```

ヨウコ the guard searched Masao は，SVO で第3文型。ということは，警備員はマサオに「力を及ぼす」わけですね。

先　生 その通り，マサオを探したわけじゃなくて，マサオの体に触れて検査したんですね。

解答-4	結果的に，警備員はマサオをスタジアムに入場させなかった。↳1-04

```
      <M>             S          V       O₁     O₂    (M)
<As a result>, the guard didn't allow Masao entry <to …>.
```

マコト SVO₁O₂ で第4文型。「O₁ に O₂ を与える」という意味です。

先　生 allow は「許す」という意味ですが，否定されているので，entry to the stadium を Masao に「与え<u>ない</u>」となります。

解答-5	社長はユウコを営業部長に任命した。↳1-05

```
           S            (M)            V       O        C
The president (of the company) appointed Yuko sales manager.
```

ヨウコ 後半は Yuko is sales manager と考えられるので，SVOC の第5文型。社長が S だから appoint は「する・させる」系の意味でしょう。辞書には「命令する」とありますね。

Introduction

Lesson-2

Write the date when you start!
month/day

受動態ってどう使えばいいですか？――態

　Lesson 2 では，文の形を見抜く力をさらに磨いていきます。今回も日本語でのウォーミングアップからスタートしましょう。次の2つの文は，テレビのレポート番組冒頭のコメントです。このコメントの直後に，リンゴにカメラを向けるとしたら，コメントはどちらがふさわしいでしょうか？

a：ここ津軽では，人々が，おいしいリンゴを栽培しています。
b：ここ津軽では，おいしいリンゴが栽培されています。

　リンゴに焦点を当てたいならば b ですね。では次に，この2つの文を英文にしてみましょう。

a'：Here in Tsugaru, people grow tasty apples.
b'：Here in Tsugaru, tasty apples are grown.

　リンゴに焦点を当てたいならば，英語でも後者が使われるんですよ。この are grown のような「受動態を使うタイミング」を知ることは非常に重要です。皆さん，どんなタイミングで受動態を使うか分かりますか？では，そのタイミングを知るべく，問題を見ながら，皆で考えていきましょう。

制限時間
5分

次の英文を受動態にし，意味を考えてください。
Point：問題文の目的語(O)の位置の変化に注目する。

1：We always post our job ads on this site.
　＊post 動 ～を掲載する／ad 名 広告

2：The chairperson handed Mr. Ueda a diploma.
　＊hand 動 手渡す／chairperson 名 会長／diploma 名 賞状

3：They appointed Ms. Jones their company attorney.
　＊appoint 動 任命する／attorney 名 顧問弁護士

解答欄

1：
_____

2：
_____

3：
_____

2-01 能動態⇔受動態　形の変化のおさらい

マコト　受動態と言えば，中学校の時に書き換えの問題を多く解いた記憶があります…。

先　生　そう渋い顔をしないで。何も書き換えをするために受動態があるわけではありませんが，最初に，その書き換えのルールをおさらいしておきましょう。受動態の「形」を理解する大前提になりますからね。Introduction に出てきた例文で確認します。

- 能動態（通常の形）のOが，受動態のS'になる
- VがV'（= be ＋過去分詞）になる
- 能動態のSが，<M>'（= by S）になる
  　by S は内容上不要な場合，省略されることが多い
- SVO以外（= C／M）はそのまま

デキる人の！
（視　点）

　　　　　<M>　　S　　V　　O
a'：Here… people grow tasty apples.
★Mはそのまま！
　　　　　<M>　　S'　　V'　　<M>'
b'：Here… tasty apples are grown 《by people》.

先　生　元々Oがない第1・2文型の文には，能動態・受動態という考え方が基本的にありません。**第3・4・5文型の文だけ受動態に変えることができます**。これだけは理解しておいてくださいね。

2-02 受動態はOが1つ減る！ → Oがなくなる！第3文型の受動態

問題 1：We always post our job ads on this site.

先　生　さて，問題を見ていきましょう。問題文とそれを受動態にした文の文型はそれぞれどうなりましたか？

マコト　**問題文は第3文型でしたが，受動態にすると，Oがなくなりました。**

先　生　その通りです。**受動態でも重要なのは文の形。** 動詞 post の O である our job ads が S' になる受動態の文では，文中から O がなくなるんですよ。

ヨウコ　能動態の S である We は，受動態にした時に by us という <M>' になるんですよね。おさらいでも学んだよね。

デキる人の！視点

```
         S   <M>   V      O          <M>
能  We  always  post  [our job ads] <on this site>.
                         ★Oがある！

         S'        <M>     V'         <M>       <M>'
受  [Our job ads] are always posted  <on this site> 《by us》.
                         ★Oがない！
```

先　生　完璧ですね。ただ，その by us は省略したほうが自然です。
ヨウコ　おさらいでも「省略される場合が多い」とありましたが，基準はあるんですか？
先　生　はい。ではここで，受動態を使う際のポイントをおさえておきましょう。

力を及ぼされるものが受動態の主役（＝主語）

先　生　受動態の文は「求人広告が常時，このサイトに掲載されている」ことを強く伝えたいんです。
マコト　そうか！　自分たちの求人広告なんだから「私たちによって」掲載されるのは当たり前だし，言わなくてもわかる。だから，普通は言わないんだ！
先　生　その通り。by us が出てくると焦点がぼやけちゃいますね。
ヨウコ　ところで，post は動詞として使われるんですね。
先　生　はい，いいところに目をつけましたね。post ならば意味とともに，post O という形の知識も頭に入っていなくてはなりません。形の変化を理解するためには，動詞の意味と使い方がわかっていることが重要なんです。
マコト　なるほど。単語を覚える作業って大事だけど，特に動詞は，その動詞が作る文型とともに意味を覚えていくことがポイントなんだな！

解答　1：Our job ads are always posted on this site (by us).
※ by us は省略するのが一般的

能動態の訳：当社は，いつもこのサイトに求人広告を掲載しています。
受動態の訳：当社の求人広告は，いつもこのサイトに掲載されています。

2-03 Oが1つ残る！第4文型の受動態

問題 2：The chairperson handed Mr. Ueda a diploma.

ヨウコ　Mr. Ueda と a diploma の2つのOがある。**第4文型の文は，受動態にするとOが1つ残るんですね。**

先　生　むしろ「**Oが1つしかない**」という感覚をもってほしいですね。

マコト　確かに。第4文型の動詞だから，Oが2つ続くはずなのに，1つしかないっていう感じ。

先　生　その通り。ちなみに，問題文にOが2つあることで，何か気づくことはありませんでしたか？

ヨウコ　あ，**第4文型を受動態にすると，2パターンできるってことがわかりました。**

デキる人の！視点

```
                S        V        O₁       O₂
能  The chairperson  handed  Mr. Ueda  a diploma.
                        ★Oが2つある！

                S'       V'        O'      <M>'
受1  Mr. Ueda  was handed  a diploma 《by the chairperson》.
                        ★Oが1つしかない！

                S'       V'        O'      <M>'
受2  A diploma  was handed  Mr. Ueda 《by the chairperson》.
                        ★Oが1つしかない！
```

先　生	おお，いい気づきですね。2パターンできるのはなぜだかわかりますか？
ヨウコ	なぜでしょうって，Oが2つあるから，受動態ではOがS'になるので，S'が2種類出てくるわけで…。
マコト	あ，つまり**主役にしたいものが2つあるからでは**？
先　生	バッチリです！
ヨウコ	確かに。1つめの受動態なら「上田さんがもらった」ことが伝えたいことですよね。
マコト	2つめは「賞状が渡された」ことが伝えたいことか。
先　生	焦点を当てたいところが見抜けていますね。
ヨウコ	そして，さっきの問題に続いて，handが動詞として使えること自体びっくりでした。
先　生	hand「手」が第4文型の動詞になっているんですから，「手渡す」という意味は推測できますね。
ヨウコ	「与える」んだから「手渡す」という意味になるのは自然ですね。

解答

2 - 1 ： Mr. Ueda was handed a diploma by the chairperson.

2 - 2 ： A diploma was handed (to) Mr. Ueda by the chairperson.

能動態の訳：会長は上田さんに賞状を手渡しました。
受動態1の訳：会長によって，上田さんに賞状が手渡されました。
受動態2の訳：会長によって，賞状が上田さんに手渡されました。

2-04　Cしかない！第5文型の受動態

問題　3：They appointed Ms. Jones their company attorney.

マコト　**第5文型の受動態はCがそのまま残りますね。**
先　生　よく見抜けていますね。これまでの例と同じように，Oを中心に形を意識してみましょう。
ヨウコ　はい。問題文は第5文型で，OとCが続いているのに受動態にすると，Cしかないですね。やはりOが1つ減るんですね。

デキる人の！
視　点

```
          S     V       O          C
能  They appointed Ms. Jones their company attorney.
                 ★OとCがある！
                            ↓
          S'       V'                C
受  Ms. Jones  was appointed  their company attorney
          <M>'                ★Cしかない！
    《by them》.
```

マコト　受動態の S に Ms. Jones がきているので，この受動態の文で伝えたいことは「ジョーンズさんが任命された」ことか。

先　生　その通り。受動態のポイントが身についてきましたね！　ところで，ここで使われた appoint O C「O を C に任命する」という動詞は，第 5 文型の基本の意味「O を C にする・させる」を思い出せれば，覚えやすくなりますね。

ヨウコ　あ，確かに。**文型は動詞を覚えるのにも役立ちますね。**

先　生　1 や 2 で出てきた post O と hand O_1 O_2 といった動詞を見たことがなくても，Lesson 0，1 で学習したように，文型ごとに動詞の意味は推測できますからね。

解答　**3：Ms. Jones was appointed their company attorney (by them).**

※ by them は省略するのが一般的

能動態の訳：彼らはジョーンズさんを社の顧問弁護士に任命した。
受動態の訳：ジョーンズさんは社の顧問弁護士に任命された。

先　生　それでは，最後に，今までの内容を一覧表にしてまとめておきましょう。動詞 post を紹介したところでも言いましたが，「動詞が作る文型」，特に O を取るかどうかには注意しておきましょう。

気づきのまとめ

Question:受動態ってどう使えばいいですか？
Answer:受動態は,S'に焦点を当てる文です。能動態を受動態にすると,文の形としてはOが1つ減ります。

能動態	受動態
1　SV（自動詞）	×
2　SV（自動詞）C	×
3　SV（他動詞）O	1　S'V'(by~)
4　SV（他動詞）$O_1 O_2$	3　S'V'O'(by~)
5　SV（他動詞）OC	2　S'V'C'(by~)

※自動詞は目的語を必要としない。
　他動詞は目的語を必要とする。

※ 基本的に自動詞 [第1・2文型] の受動態は存在しない。

すぐに使ってみよう！➡ ➡ ➡

Exercises

Mission! [制限時間7分] 焦点が当たる語を見抜け！

次の英文の空所に入れるのに最も適当な語句を，次の①～④の中から1つ選んでください。

Point：英文の意味ではなく，文の要素，特に動詞に注目する。

1：The traffic signal on the corner ☐ two days ago.
① was repairing ② repaired ③ was repaired ④ has repaired

2：The couple on the second floor ☐ again.
① was quarreling ② were quarreling
③ was quarreled ④ were quarreled
　＊ quarrel 動 ケンカする

3：Every item on this page ☐.
① remembers ② has to be remembered
③ remembered ④ have to remember

次の英文の意味を考えてください。
Point：「受動態＝～れる，られる」という意味だととらわれない。

4：Energy is usually saved when recycled materials are used.
　＊ recycled materials 再生原料

解 説

解答 -1 ③ ↳2-02
訳：あの角の信号機は2日前に修理された。

```
    S           (M)             V         <M>
The traffic signal (on the corner) was repaired <two days ago>.
```

先　生　選択肢から他動詞 repair の使い方がポイントだとわかります。

ヨウコ　文中には repair の後に O がないから受動態ですね。③だけが受動態の形になっています。

解答 -2 ② ↳2-01
訳：2階の夫婦ったら、またケンカしてたよ。

```
    S           (M)             V          <M>
The couple (on the second floor) were quarreling <again>.
```

マコト　これも文構造を見ると O がないから受動態ですか？

先　生　残念ながら違います。選択肢にある quarrel は自動詞なので受動態は存在しません。

ヨウコ　なるほど。では、③と④は×ですね。さらに、The couple「夫婦」は2人のことを表していますから、複数扱いなので②ですね。

> **解答-3** ② ↳2-02
> 訳：このページにある項目はすべて暗記してください。
>
>   S   (M)   V
> **Every item** (on this page) **has to be remembered.**

マコト　他動詞 remember がポイントですね。空所の後ろはピリオドで O がないので，求められているのは受動態。①，③と④は能動態で×。②が正解です。

先　生　Every item の意味を考えなくてもいいんです。ここでは，remember が「O を覚える」という意味の他動詞と気づくことが大切です。そうすれば，「O があるから能動，O がないから受動」と判断できます。

> **解答-4** 再生原料を使うと，通常，エネルギーが節約される。
> ↳2-02
>
>   S   <M>   V   S   V'
> **Energy is** usually **saved** when **recycled materials** are used.

マコト　「再生原料が使われると，通常，エネルギーが節約される」としました。

先　生　いいですね。でも，解答のように訳すとより自然です。【能動態だから「〜する」，受動態だから「〜される」と訳す】という絶対的な公式があるわけではありません。受動態という文の形は，その主語に焦点を当てているだけですから，この文もそれぞれ「再生原料」「エネルギー」にスポットを当てているだけなんです。

ヨウコ　「〜する」にするか「〜される」にするかは日本語の問題だものね。

Introduction

Lesson-3

Write the date when you start!
month/day

現在形は【今のことだけ】を表すのですか？──動詞の形1

　ここまでは英文の形に注目してきましたが，Lesson 3 からは動詞の形を見抜く力を身につけていきます。
　例えば，中学校で学んだ動詞 go。活用は＜ go – went – gone ／ going ＞でしたね。これらはそれぞれ＜原形－過去形－過去分詞／現在分詞＞と呼ばれています。呼び名に「現在」「過去」とあると，必ず「時」の話をしているように思えますが，実はそうでもないんです。

a：Aki goes to school every day.
b：Aki goes to Furano tomorrow.

　a は現在形を使って「現在」の話をしていますが，b は現在形を使って「未来」の話をしています。ここで，「未来は will を使って表すと習いました」という声が聞こえてきそうですね。おそらく次のような文でしょう。

c：Aki will go to Furano tomorrow.

　もちろん c でも「未来」の話をしていることになります。しかし，will go は go の未来形でしょうか？　実は，正確には違います。
　どうも動詞の形の呼び名は，呼び名だけに，混乱を呼びそうです。現在形，過去形，未来形といった呼び名にとらわれず，動詞の形が教えてくれることに耳を傾けることから始めましょう。

制限時間
5分

次の英文の意味を考えてください。

Point：動詞の形が何を表しているかに注目する。

1：That musician comes to this DcDonald's every day.

2：That musician came to this DcDonald's every day before he became so popular.

3：The musician is coming to this DcDonald's now!

4：The musician has a very gorgeous bag.

5：The musician has come to this DcDonald's!

解答欄

1：

2：

3：

4：

5：

Lecture

3-01　*do*・*does* は「近い」

問題　1：That musician comes to this DcDonald's every day.

ヨウコ　1 も 2 も簡単ですよ。1 の文は現在形だから「来る」，2 の文は過去形だから「来た」ですよね！

先　生　基本的にはそれで間違っていませんが，呼び名に沿った理解をしてしまうと，Introduction で取り上げた

　　　　b：Aki <u>goes</u> to Furano tomorrow.

　　　　のような英文で，**「現在形が未来」**のことを表していて混乱しませんか？「現在形の特殊な用法で，未来のことを表す」とややこしく説明されることが多いところなんです。

マコト　じゃあ，覚えるしかないのか…。でも実際，そんなに数多くの用法をいちいち気にしていると気軽に使えないですよ。

先　生　その通りです。では，どう理解すればシンプルになるか考えてみましょう。まず，1 の例文から。comes が表すのは，そのミュージシャンが，今，毎日ダクドナルドにやって来るという，**とても身近な出来事**です。

ヨウコ　ダクドナルド好きなんですね。通いつめてる感じがします。

先　生　次に，「未来を表す現在形」と言われる b のような例。これは**確実な予定を表す**時に使います。「アキは富良野行きのチケットをきちんと用意していて，明日富良野に行くことは現時点で確定している」という状況です。1 と b の共通点って何だと思いますか？

ヨウコ　その出来事が確実に起こる感じでしょうか…。

先　生　そうですね。共に，**目の前に浮かぶ＝自分にとって「近い」**という

感じがしませんか？

マコト　あ，現在形で表される，毎日起こるようなことは，自分にとって身近，つまり「近い」ってことか！

ヨウコ　未来のことだとしても確実に起こる「近い」内容だから，現在形で表すことができるのね！

先　生　バッチリです。b のような文は現在形の特別な用法ではないんですよ。どちらも形そのままにとらえれば，すんなり理解できますね。

マコト　となると，現在形と呼んでいると，ややこしくなるな。

ヨウコ　確かに。「現在形なのに，未来のことを表す」では混乱します…。

先　生　そうでしょうね。そこでこれからは，次のように考えましょう。

動詞の形は見た目そのままでとらえる！
- *do* / *does*（今まで現在形と呼んでいたもの）
- *did*（今まで過去形と呼んでいたもの）

先　生　現在形は主語によって形が変わりますので *do* / *does*，played や went など過去形をまとめて *did* と呼びます。*did* については次で詳しく扱いますね。

デキる人の！　(視点)

That musician **comes** to this DcDonald's every day.
　　　　　　★「近い」形！ ← 　　　毎日

解答　1：そのミュージシャンは，毎日このダクドナルドにやって来るんだよ。

3-02　*did* は「遠い」

問題　2：That musician came to this DcDonald's every day before he became so popular.

先　生　では，今まで過去形と呼んでいた *did* はどのようにとらえるとよいでしょうか？

マコト　過去に起こったことだから「遠い」？

先　生　正解！ *do・does* の「近い」との明確な切り離し，距離感を表します。日本語でも「遠い目」なんて言いますよね。「あのミュージシャン，売れない頃は，このテーブルでよく朝方まで詞を考えてたんだよ…」と店長が，新人のバイトに語る感じです。

ヨウコ　*did* は「遠い」…昔を振り返る感覚ですね！

デキる人の！
（視　点）

That musician **came** to this DcDonald's every day before he
　　　　　　★「遠い」形！
became so popular.
過去に起こったこと

先　生　この *did* を過去形と呼び名にひきずられた理解をしないほうがよい理由は他にもあるのですが，次の Lesson で扱いますのでお楽しみに。

解答　2：そのミュージシャンはね，そんなに有名になる前は毎日このダクドナルドに来てたんだよ。

3-03　*doing* は「途中」

問題　3：The musician is coming to this DcDonald's now!

先　生　3 は先ほど見た 1 と比べると，違いが明らかになりますよ。

1：That musician comes to this DcDonald's every day.

この comes と is coming はどういう違いがあると思いますか？

マコト　3 は「〜しているところ」という意味を表す進行形ですよね。

先　生　そうですね。動詞部分に注目すると，1 は comes，3 は is で共に「近い」内容を表しています。そこまでは同じですが，ここでのポイントである *doing* は何を表していると思いますか？

ヨウコ　「〜しているところ」と覚えたような…「進行中」ですか？

先　生　いい感じです。同じ意味なのですが，今後のことを考えて，**「途中」と理解してほしいですね。**

マコト　ちょうど今，このミュージシャンが，やってくるところ…確かに *doing* は「途中」を表してる！　すんなりイメージできます。

デキる人の！　視点

The musician is **coming** to this DcDonald's now!
★「途中」の形！　←　今

解答　3：そのミュージシャンが，今このダクドナルドに向かってる！

3-04 「途中」なんてない動詞

先　生　ここで，1 の comes について改めて考えてみてほしいんです。これは，3 の is coming とは正反対のものと理解するくらいがちょうどいいでしょう。

ヨウコ　正反対ということは，「『途中』の逆」ということですか？

マコト　「途中」の逆だから，「途中ではない」…「途切れない」ってこと？

先　生　いいですね。1 は「そのミュージシャンが，毎日確実に，つまり習慣的にやって来る」ことを表します。つまり，「途中」の逆ですから，「始めから終わりまで」という安定した感じです。

ヨウコ　なるほど！　それで思い出しましたけど，進行形にできない動詞というのを覚えた記憶があります。**be doing** という形にできないということは「途中」という考え方ができないってことですね？

先　生　鋭いですね。例えば「彼の娘は本当に彼に似ているよね」と英語で言うと次のようになります。

(○) His daughter really <u>resembles</u> him.

「似ている」と言いたい場合，「途中」はありえませんね。

(×) His daughter is really <u>resembling</u> him.

ヨウコ　確かに「見て，始まったよ！　ほらっ，今，あの娘，彼に似ようとしている途中だわ！」なんてことは起こりようがありませんよね。

先　生　そうですね。ただし例外として「彼にますます似てきたなあ」という変化の途中を表す場合は，His daughter is resembling him more and more. という言い方ができます。

マコト　「〜している」という日本語ではなく，「途中」と考えることができる

かできないかによって，be doing の形を取るかどうかがわかる！

先　生　その通り。「途中」と考えられない動詞は「すぐにやめられない」内容です。know や love などがその代表ですね。

ヨウコ　確かに，know も「すぐにやめられない」し，love なんて「すぐにやめられ」たら，そんなの本当の love じゃないわ。

先　生　そ，そういうことです…。

> **動詞が be doing「途中」の形を取る条件**
> ■動作を「すぐにやめることができる」
> ■動作が「すぐに停止する」

3-05　have [has] はいつでも同じ！

> 問題　4：The musician has a very gorgeous bag.
> 　　　5：The musician has come to this DcDonald's!

先　生　次に取り上げる動詞の形は have done です。

ヨウコ　現在完了形ですか？

先　生　世間的にはそう呼ばれているものの話です。ただ，まず注目してほしいのは have [has] です。

マコト　ん？ 4 は「持っている」の have で，5 は現在完了の have だけど，文の意味はまったく違いますよね。

先　生　確かに日本語にすれば全然違うかもしれません。しかし，**英語では同じ have を使っているのですから，共通点があるんです**。have

の基本の意味を考えてみてください。

マコト　4のような「持っている」がよく使われる意味だよね。

ヨウコ　もしかして，5のhaveも「持っている」という意味ですか？

先　生　大雑把に言って，その理解で問題ないです。そもそもhas comeにはhasという別の単語が入っていますから，comeの活用形ではありませんよね。**hasとcome以降という2つの部分からできている**と考えてください。

3-06　*done*は「より前」

マコト　4は，「a very gorgeous bagを今，持っている」ということだよね。

先　生　5も同じように考えるとどうですか？

ヨウコ　come to this DcDonald'sという行為を今，持っている？

先　生　そうです。**持ち物であるa very gorgeous bagの位置に，come to this DcDonald'sという行為が来ただけだと理解する**んです。

デキる人の！
視点

The musician <u>has</u> a very gorgeous bag.
★《今》持っている　とてもゴージャスなバッグを

The musician <u>has</u> come to this DcDonald's!
★《今》持っている　このダクドナルドにやって来たという内容を

マコト　haveの後ろに来るcomeはどう理解すればいいんでしょう？

先　生　いい質問ですね。comeは過去分詞と呼ばれますが，これも見た

目そのまま do を過去分詞に変えたととらえ，done は「より前」と理解してください。 did と have done を比べると，差がハッキリ見えてきますよ。

5：The musician has come to this DcDonald's!
（そのミュージシャンはこのダクドナルドにやって来たんだよ！）
1'：That musician came to this DcDonald's yesterday.
（そのミュージシャンは昨日このダクドナルドにやって来ました。）

ヨウコ　日本語にしたら，came も has come も「やって来た」で変わらないじゃないですか！
先　生　はい。**そもそも日本語には have done に相当する動詞の用法がないので，訳には表れないんです。**
マコト　じゃあ，違いは気にしなくてよい…なんてことはないか。
ヨウコ　1' の came は「遠い」昔の内容というのはわかるんですが…。
先　生　見た目の形を意識すれば見えてきますよ。has とある以上，視点は「近い」です。しかし，come，つまり done は has「より前」のことを表しているんですね。**現在「より前」の出来事が，私に「近い」ところに影響を与えている。これが have [has] done の表しているところです。**

<have [has] done>
① 内容の強調点は現在　　② 内容が「現在より前⇒現在」にまたがる

現在より前　　現在
　come　　　　has　　　現在を強調！

マコト　ミュージシャンがやって来たことが，今の気持ちに影響を与えているということ？
先　生　はい。came と言ってしまうと「遠い」状態になってしまうので，臨場感が出ないですよね。現在「より前」の出来事が，現在に何らかの影響を与えている，つまり，**現在「より前」と「現在」**

をつなぐのが have done なのです。

> **解答**
> 4：そのミュージシャンはとてもゴージャスなバッグを持っています。
> 5：そのミュージシャンがこのダクドナルドにやって来たんだよ！

先　生　今までの内容を，一覧表にして，まとめておきましょう。他の動詞の形と対比しておさえると，ぐっと感覚をとらえやすくなりますよ。

気づきのまとめ ❗❗❗

Question：現在形は【今のことだけ】を表すのですか？
Answer ：いいえ。近い未来を表します。do・does は「近い」，did は「遠い」と理解しましょう。doing は「途中」，done は「より前」と理解しましょう。

- -

対比1　do・does「近い」　⇔　did「遠い」
対比2　do・does／did「始めから終わりまで」
　　　⇔ be doing「途中」
対比3　have done「より前を近くにつなぐ」　⇔　did「遠い」

すぐに使ってみよう！ ➡ ➡ ➡ ➡

Exercises

Mission! [制限時間6分] 距離を感じろ！

次の英文の空所に入れるのに最も適当な語句を，次の①〜④の中から1つ選んでください。

Point：動詞の形とその形が表す意味に注意する。

1 : That guy usually [　　　] soy latte, but he [　　　] a caramel macchiato now.

① is drinking / drinks　② drinks / drinks
③ drinks / is drinking　④ is drinking / is drinking

2 : A　Hey, isn't this an iguana? How long [　　　] it?
　　B　Oh, for six months.

① did you own　　　　　② do you own
③ have you been owning　④ have you owned
　＊own 動 〜を所有する

3 : When I went to inquire after the minister, she [　　　] ill for a week.

① had been　② was　③ will have been　④ has been
　＊inquire after 〜　〜を見舞う／minister 名 大臣

4 : Her husband said, "By tomorrow morning, she [　　　] unconscious for 3 days."

① had been　② will be　③ will have been　④ has been
　＊unconscious 形 意識のない

解　説

> **解答 -1**　③　↳3-01, 3-03
>
> 訳：あの人，いつもはソイラテを飲むけど，今は，キャラメル・マキアートを飲んでるわ。
>
> That guy <u>usually</u> **drinks** soy latte, but he **is drinking** a caramel macchiato <u>now</u>.

マコト　usually は習慣，つまり「始めから終わりまで」を表すので drinks。now は目の前の状況，つまり「途中」なので is drinking が入りますね。

> **解答 -2**　④　↳3-04, 3-06
>
> 訳：A　ねぇ，これ，イグアナじゃない？ このペット，どれくらい飼っているの？
> 　　B　えーと，半年だよ。
>
> A　Hey, isn't this an iguana? <u>How long</u> **have** you **owned** it?
> B　<u>Oh, for six months.</u>

マコト　B がイグアナを飼い始めたのは半年前で，現在まで飼っている。内容が「現在より前⇒現在」を表すので，have *done* で③か④。

ヨウコ　own O の意味を考えると，ペットをすぐに捨てたり，再び飼い始めたりできませんね。「途中」という考え方はできませんから，④が正解。

解答-3　①　⤷3-02, 3-06

訳：私がお見舞いに行った時，大臣は病気になって1週間が経っていた。
When I <u>went</u> to inquire after the minister, she **had been** ill <u>for a week</u>.

マコト　①と③の形はこれまで出てきていませんが…。
先　生　**考え方は have *done* と一緒です。**When と went から，空所は過去になりますので③と④は×。
ヨウコ　次は for a week がポイントですね。大臣が病気になったのは「私がお見舞いに行く」1週間前（過去より前）から，私がお見舞いに行った時（過去）まで病気だった。内容が「過去より前⇒過去」を表すので①！

解答-4　③　⤷3-06

訳：彼女の夫は「明日の朝で，彼女は意識を失って3日になります」と言った。
Her husband said," <u>By tomorrow morning</u>, she **will have been** unconscious <u>for 3 days</u>."

先　生　3と同じように考えてみてください。
ヨウコ　By tomorrow morning から，未来の推測をしているので②か③。for 3 days から，彼女が意識をなくしたのは「未来である」明日の朝からさかのぼって3日前（未来より前）。
マコト　以降，明日の朝まで（未来）意識不明だったら，3日間意識不明，ということですね。内容が「未来より前⇒未来」を表す③！

Lesson-4

Write the date when you start!
month/day　　　　／

過去形は【昔のことだけ】を表すのですか？——動詞の形2

　Lesson 3 に引き続き，動詞の形を見抜く力を身につけていきましょう。「遠い」を表す *did* に焦点を当てます。この形は本当に【昔のことだけ】を表すのでしょうか？ 次の文を見てください。

a：I <u>went</u> to the store yesterday.

この went は yesterday を受けて，間違いなく【昔のこと】を表しますが，次の文はどうでしょうか？

b：If I <u>went</u> to the store now, I would be crushed to death in the crowd.

こちらの went は now を受けて，間違いなく【今のこと】を表しています。このように，【今のこと】も went を使って表すこともあるのに，went を過去形と呼ぶと混乱を呼びますね。「仮定法過去という用法で，見た目は過去形だが，現在のことを表している」と説明されることが多い表現ですが，すんなり理解できますか？

　「仮定法過去なんて自信がないな」という方，安心してください。Lesson 3 で学んだ *did* =「遠い」という感覚をおさえていれば，すぐに使いこなせるようになります。それでは，動詞が表す距離感を大事にしつつ，次の問題に取り組んでみましょう。

制限時間
5分

次の英文の意味を考えてください。
Point：動詞の形からわかる基本の意味を意識する。

1：I go to the store every day.

2：I went to the store yesterday.

3：If I went to the store now, I would be crushed to death in the crowd.
＊crush 動 ～つぶす　in the crowd　人ごみの中で

解答欄

1：
_____

2：
_____

3：
_____

4-01 *do*・*does* は「近い→ありえる」
did は「遠い→ありえない」

問題
1 : I go to the store every day.
2 : I went to the store yesterday.
3 : If I went to the store now, I would be crushed to death in the crowd.

先　生　意味はわかりましたか？
マコト　えっと，それぞれ，下のような意味になると思います。

　　　　1：私は毎日そのお店に行く。
　　　　2：私は昨日そのお店に行った。
　　　　3：もし今そのお店に行ったら，人ごみでつぶされて死んでしまうよ。

先　生　意味は理解できていますね。では，ここで質問です。2 と 3 では，共に動詞の形が went ですが，なぜ同じ形を使うのでしょうか？
マコト　確かに 3 は went がよくわからず，雰囲気で訳しました…。
ヨウコ　見た目は過去形だけど，内容は現在…一体どっちなの？
先　生　その呼び名だと混乱しますよね。もう一度 2 つの英文を見てください。went, つまり *did* という形が共通しています。
マコト　*did* は「遠い」を表す形でしたよね。2 の went は昨日のことだから「遠い」。
先　生　3 も「遠い」を基準に考えてみてください。「今」起こっているが，「遠い」と感じられる，現在とかけ離れたことを表しています。
ヨウコ　あ！ 3 の went は「今のこと」ではあるけど，その人にとって「ありえない」内容だと感じられるから「遠い」形を使っているんじゃない

70

　　　　かしら！
マコト　それでスッキリする！ そのお店がセール真っ最中か何かで，この人はそんなところへ行くことは**「ありえない」**と思っているからwentを使ってるんだ！

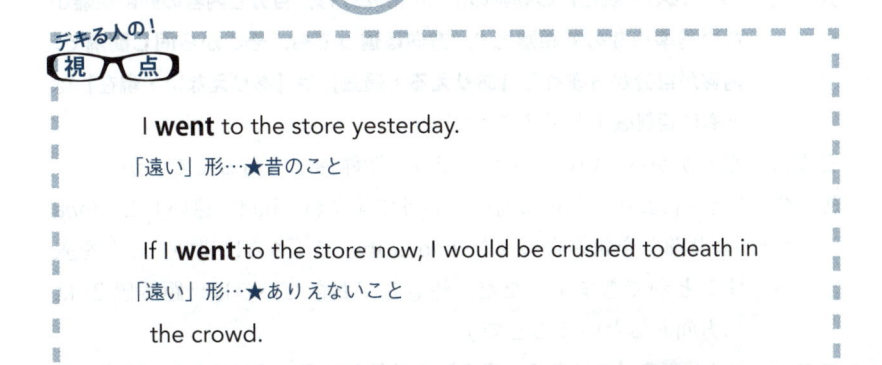

デキる人の！視点

I **went** to the store yesterday.
「遠い」形…★昔のこと

If I **went** to the store now, I would be crushed to death in
「遠い」形…★ありえないこと
the crowd.

先　生　よくここまでたどり着きました！ **現在のありえることを基準点として，そこから話が「遠く」なるから*did*を使う，ということですね。**この「近い」「遠い」という距離感を図示してみましょう。

距離感の考え方を広げる！

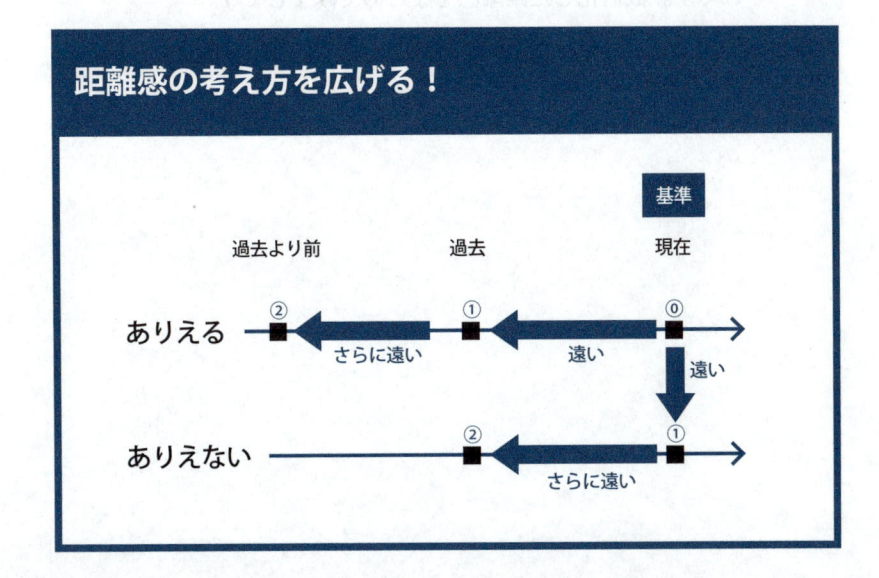

	過去より前	過去	基準 現在
ありえる	② ←さらに遠い	① ←遠い	⓪ →遠い↓
ありえない		② ←さらに遠い	① →

ヨウコ　なるほど。**基準点からの距離感は同じなんですね！**
先　生　そうです。ここで,「遠い」「近い」という考えを数値化すると, さらにハッキリとわかるようになりますよ。
マコト　数値化ですか？
先　生　【ありえる・現在】の動詞の形 *do* (*does*) は, 自分と内容の間に距離がない基準点なので距離感0, 方向は違っても, そこから同じ間隔で, 内容が自分から離れる【ありえる・過去】や【ありえない・現在】はともに距離感1と考えるんです。
ヨウコ　なんかかっこいいですね。では, 距離感2もあるんですか？
先　生　「遠い」より「さらに遠い」わけですよね。had「遠い」と *done*「より前」を組み合わせた had *done* で「さらに遠い」ことを表すことができます。ただ, 注意しておきたいのは, 距離感2は二方向あるということです。
マコト　*did* が表す【ありえる・過去】より前だから…【ありえる・過去より前】か。
ヨウコ　なるほどね。ということは, 【ありえない・現在】より前があるというわけね。【ありえない・過去】だわ。
先　生　素晴らしいですね。では, それらを had *done* を使って表すわけです。数値化した距離感をまとめてみましょう。

動詞の形は距離感でおさえる！

距離感0の形…*do* / *does*・*will* / *can* / *may* + *do*
 ⇒【ありえる：現在】

※【ありえる：現在】からズレた分だけ，距離感が出る

距離感1の形…*did*・would / could / might + *do*
 ⇒【ありえる：過去】or【ありえない：現在】

距離感2の形…had *done*・would / could / might + have *done* ⇒【ありえる：過去より前】or【ありえない：過去】

※ will, can, may, would, could, might は推測を表す助動詞

先　生　動詞の形と距離感の関係はつかめましたか？　では，最後に，次の英文について考えてみてください。

　　　　If I went to the store now, I was crushed to death in the crowd.

ヨウコ　「もし今そのお店に行ったら，人ごみでつぶされて死んでしまった」…変な意味になっている気がします。

マコト　うーん，具体的には何がいけないのかな？　went も was crushed も距離感1で合っているのに。

先　生　その通り，これは間違いの英文です。正しい英文である3と見比べてみましょう。特に if と助動詞に注目してみてください。

　　　　3：If I went to the store now, I would be crushed to death in the crowd.

マコト　if 〜は「もし〜なら」という意味ですよね。
先　生　「もし〜なら」の後ろには，どのような内容がきていますか？
ヨウコ　「…だろう」という推測ですよね。
マコト　あっ，**if 〜は「…だろう」という推測とセットでないと意味がおかしくなってしまう！**
先　生　was crushed「つぶされてしまった」だけでは推測にならず，過去の事実になってしまいます。
ヨウコ　そこで推測を表す"助動詞 + do"を使うんですね。
先　生　はい，助動詞は推測を表す働きをします。逆に if 〜のかたまりの中で，will・would や may・might を推測の意味で使うことは，基本的にありません。
マコト　if が「ならば」と推測を導くので，意味がだぶっちゃいますね。

解答
1：私は毎日そのお店に行く。
2：私は昨日そのお店に行った。
3：もし今そのお店に行ったら，人ごみでつぶされて死んでしまうよ。

気づきのまとめ　❗❗❗

　　Question：過去形は【昔のことだけ】を表すのですか？
　　Answer　：過去形が表す「遠い」という意味から，「昔のこと」だけではなく「ありえないこと」も表します。

すぐに使ってみよう！ ➡ ➡ ➡ ➡

Exercises

Mission!
[制限時間7分]

距離を感じろ！

次の英文の空所に入れるのに最も適当な語句を，次の①〜④の中から1つ選んでください。

Point：【ありえる・ありえない】が1文の中でズレないように注意する。

1： If I ☐ time, I will take a computer course.
① have   ② having   ③ had   ④ had had

2： If I were you, I ☐ the meeting.
① attended   ② will attend   ③ attend   ④ would attend

3： If my mother ☐ her credit card with her, she would have bought that antique furniture.
① had   ② had had   ③ have   ④ have had

4： If you ☐ my advice then, you would not be in such trouble now.
① took   ② had taken   ③ have taken   ④ would take

解　説

解答 -1　①

訳：時間があれば，コンピュータの授業を受けようと思っている。

     <*do*>   <**will** *do*>
   If I **have** time, I **will take** a computer course.
     ↑
     └─── 距離感0【ありえる：現在】

解答 -2　④

訳：もし私があなたの立場なら，打ち合わせに参加するだろう。

    <*did*>   <**would** *do*>
   If I **were** you, I **would attend** the meeting.
 距離感1【ありえない：現在】────┘

解答 -3　②

訳：母がクレジットカードを持っていたら，アンティークの家具を購入していただろう。

    <**had** *done*> <**would have** *done*>
 If my mother **had had** …, she **would have bought** ….
     ↑
     └──── 距離感２【ありえない：過去】

解答 -4 ②

訳：その時あなたが私のアドバイスを受け入れていれば，今そんなトラブルに巻き込まれていないだろう。

<had *done*> <would *do*>
If you **had taken** my advice **then**, you **would** not **be** in such trouble now.
　　　　↑距離感2【ありえない：過去】←距離感1【ありえない：現在】

先　生　意味を考えなくとも，If のかたまりとその後のかたまりに注目すると，すんなり答えが出るでしょう。【ありえる：現在】の距離感 0 を常に基準に考えてくださいね。

マコト　先生，1 から 3 までは，特に時を表す語句もないし，前後の距離感を空所になっていないほうの数値に合わせるだけで解けちゃいますね。

先　生　そうですね。距離感は 1 から順に 0・1・2 だから，答えは①・④・②となりますね。

ヨウコ　4 も would be で距離感 1。now があるけど would を使っているから【ありえない：現在】の話。

マコト　then「その時」という過去を表す言葉があるから距離感がさらに増すんだ。【ありえない：過去】で距離感 2。したがって，正解は②。

先　生　動詞の形がなぜ変化するか。距離感とともに考えることが大切ですね。

SECTION-2

動詞が形を変えて，脇役になります

動詞は器用です。動詞は形を変え，かたまりを作り，
文中の脇役，つまり一部にもなることができます。
英語の世界，だんだんとカラフルになっていきますよ。

Introduction

Lesson-5

Write the date when you start!
month/day　　　／

句・節って何ですか？──語と句と節

次の文を英語にできますか？

a：そのアイデアはすごいね。
b：毎日早起きするってすごいね。
c：彼がコンサートに来るってすごいね。

aについては，英文を思いつく人が多いかもしれませんね。

a： The idea is great.

しかし，b，cと進むにつれて，「単語は思い浮かぶのに，主語（S）はどれにしたらいいの？」と悩んでしまうのではないでしょうか。主語にあたる部分を日本語のままにしておくと，次のように表すことができます。

b： 毎日早起きする is great.
c： 彼がコンサートに来る is great.

a，b，cはそれぞれ，「すごい」と思う内容が主語に来るわけです。この内容がどれだけ長く，また複雑になっても，主語は主語。主語の部分を1つのかたまりとしてとらえることができると，長い英語を素早く理解できるようになりますよ。では，そのための第一歩を早速踏み出してみましょう。

制限時間
6分

下線部をかたまりだと考えて，文構造（SV, SVC, SVO, SVO₁O₂, SVOC）を説明してください。

Point：かたまりの文中での働きに注目する。

1： <u>Being there</u> is important.
2： <u>That you are there</u> is important.
3： Keisuke had a burning desire <u>to win the World Cup</u>.
4： Keisuke had a burning desire <u>which his teammates didn't have</u>.
5： A baby was crying <u>left alone</u>.
6： A baby was crying <u>though nobody paid attention to him</u>.

解答欄

1：

2：

3：

4：

5：

6：

Lecture

5-01 「かたまり」の働きを見抜く！

問題
1 : <u>Being there</u> is important.
2 : <u>That you are there</u> is important.

先　生　今まで見てきた形に比べて，英文が難しく感じると思います。下線部も何もなく英文を見たとしたら，どのように考えますか？

マコト　is important がVCというところまではわかると思うけど，そこで手が止まってしまうかな…。

　　　　　　　　　　V　　C
　　　　Being there is important.

ヨウコ　is の S を探すけど，混乱してしまいますね。

先　生　そうですよね。でも，**下線部をかたまりととらえると，文構造がわかりやすくなったのではないでしょうか？**

マコト　確かに。「かたまり」と考えると，それが丸ごとSになるしかありえませんからね。

デキる人の！
(視点)

　　　　　　　S　　　V　　C
　　　　| Being there | is important.
　　　★かたまりがSになる

先　生　はい，その通りです。そして，ここが今回のLessonのポイントです。

　　　　　かたまりをＳ／Ｏ／Ｃ／Ｍにあてはめる！

先　生　今まで文の要素は1語に割り当てることが多かったのですが，ここからはこの「かたまり」という視点で見ていきましょう。
マコト　前置詞から始まるかたまりを見抜く感じと同じか。
先　生　はい，in the boxのような「前置詞＋名詞」のかたまりはセットでMとして考えていましたね。その考え方で問題ないです。かたまり内の意味や用法などの細かな話は，この後のLessonで順番に見ていくので，ひとまず**「かたまり単位」で英文に接することを強く意識してください**。
ヨウコ　なるほど。ちなみに，Being thereがSになるということは，**このかたまりは名詞の働きをしているということですよね？**
先　生　鋭いですね！ 名詞と言っても，

　　　　　　　　Ｓ　Ｖ　Ｃ
　　　1′：The fact is important.

The fact「事実」のように，単独の，見た目にもわかりやすい名詞だけがSになるわけではないんですよ。Being there「そこにいること」のようなかたまりもSになることに慣れていきましょう。
マコト　いきなり慣れるのは難しいけど，**やっぱり語句が置かれている位置が大切なんだ。**

先　生　Sの長さが変わっても，SはSですよね。では，同じように，2の文を考えてみてください。

マコト　これも1と同じじゃないですか？ That you are there のかたまりがSの位置にありますから。

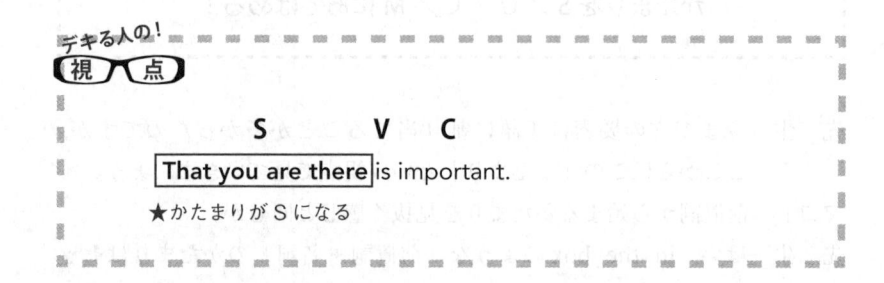

> **デキる人の！視点**
>
> 　　　　　S　　　　　V　C
> 　　[That you are there] is important.
> 　　★かたまりがSになる

ヨウコ　Being there よりも情報が増えた感じね。誰がそこにいるのかまでわかります。

先　生　いいですね。今後は**名詞の大きなかたまりがあっても驚かない心構えをしておいてください**。かたまりと言ってもいくつかの種類がありますので，ここで確認をしておきましょう。英語のかたまりには3種類あって，それぞれに呼び名があります。

> 語…1語
> 句…2語以上・その中にSVの関係が<u>ない</u>
> 節…2語以上・その中にSVの関係が<u>ある</u>

マコト　**Being there は，その中にSVの関係がないから句で，That you are there は，SVの関係があるから節だ。**

先　生　そして，1の文の句も，2の文の節も，ともに名詞の働きをしていますので…。

ヨウコ　それぞれ名詞句，名詞節ね！

先　生　素晴らしいです。句や節という用語よりも，1語でもかたまりでも，名詞としてとらえることに意識を向けてくださいね。

解答	1：SVC（訳：そこにいることが大切なんだよ。） 2：SVC（訳：君がそこにいることが大切なんだよ。）

5-02	形容詞1語→名詞の前から詳しくする 形容詞2語以上→名詞の後ろから詳しくする

問題	3：Keisuke had a burning desire to win the World Cup. 4：Keisuke had a burning desire which his teammates didn't have.

ヨウコ　まずは基本的なところから見ていくと，Keisuke had で「ケイスケは持っていた」で SV ね。

マコト　何を持っていたかって，O の位置にある desire「情熱」を持っていたんだ。

ヨウコ　問題は to win the World Cup の働きね。

先　生　そこまで見えていれば，もう答えは出たようなものですよ。だって，Keisuke had a desire で第3文型ができているんですよね。ということは，to win the World Cup はなくても，英文は成立するわけで…。

マコト　to win のかたまりは M になるのか！

先　生　そうです。修飾語句である M ですよ。これはどういう意味で，どんな働きをしているんでしょう？

ヨウコ　to win the World Cup は「ワールドカップで優勝する」という意味だから，desire を詳しくしています。

先　生　そうですね。もう1つ desire を詳しくしている語句がありますね？

ヨウコ　desire の前にある burning ですか？「情熱」を「燃えさかる」と言って詳しくしていますね。

先　生　はい，正解です。では，両方とも何詞の働きをしているかわかりますね。

マコト　名詞 desire を詳しくしてるから，両方形容詞か！

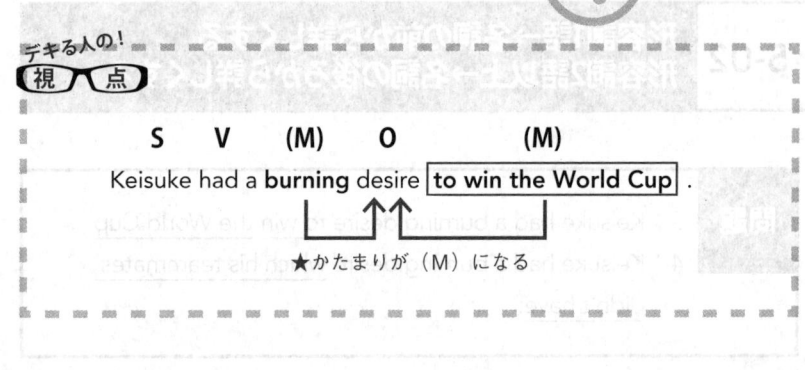

デキる人の！
視点

```
         S    V     (M)      O          (M)
       Keisuke had a burning desire to win the World Cup .
                        ↑↑
              ★かたまりが（M）になる
```

先　生　その通りです。ここで注目してほしいのが，burning と to win the World Cup が置かれる位置です。

ヨウコ　同じ形容詞の働きなのに，burning は desire の前，to win the World Cup は後ろだわ。

先　生　ここは日本語と英語で大きく構造が違うところなので，しっかり覚えておきましょう。

英語の形容詞を置く位置はかたまりの語数によって決まる！
→1語…名詞の前
→2語以上のかたまり…名詞の後ろ

マコト　なるほど。日本語では「ワールドカップで優勝するという，燃えるような情熱」というように，名詞を詳しくする語句は，長さに関係なく前に置かれるね。

ヨウコ　そうね。となると，4の文の構造も同じことだわ。

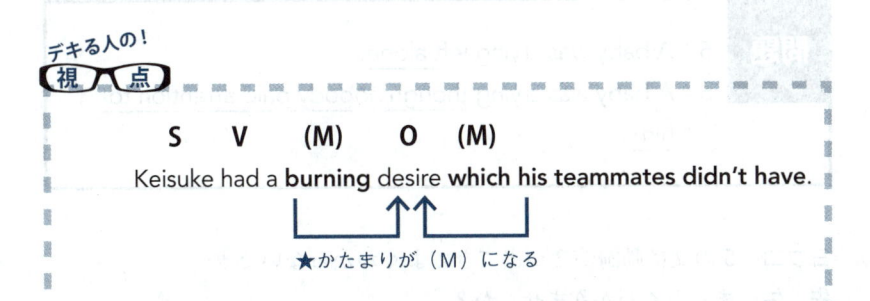

デキる人の！視点

```
        S    V    (M)        O         (M)
    Keisuke had a burning desire which his teammates didn't have.
                      ↑           ↑
                  ★かたまりが（M）になる
```

マコト　この which のかたまりは 2 語以上だから，desire の後ろに来ているんですね！

先　生　はい。かたまりとして形容詞の働きをしているのがわかりますね。

解答
3：SVO（訳：ケイスケには，ワールドカップで優勝するという燃えるような情熱があった。）
4：SVO（訳：ケイスケには，彼のチームメイトにはない燃えるような情熱があった。）

5-03 かたまりの見た目にとらわれない！

> **問題**
> 5：A baby was crying <u>left alone</u>.
> 6：A baby was crying <u>though nobody paid attention to him</u>.

ヨウコ　5の文は動詞が2つ出てきてよくわからないです…。
先　生　まったくわかりませんか？
マコト　いや，A baby was crying が SV だってことはわかりますよ。
先　生　その後をかたまりとしてとらえるとどうですか？
マコト　A baby was crying「その赤ちゃんは泣いていた」で第1文型は成立しているから，left alone は M だ。
ヨウコ　一見 V だけど，was crying がきちんとあるものね。
先　生　and や because などの接続詞もないですから，left は V ではありませんね。1文の中に動詞は2つ出てきませんから。では，M である left alone は何を詳しくしているのでしょう？ left alone のそもそもの意味を考えてみてください。
ヨウコ　alone「一人で」，left「取り残される」ってことかしら？
先　生　そこまで考えられれば十分です。「その赤ちゃんは泣いていた」に対する「一人取り残される」の働きを考えればいいんですよ。
マコト　「一人取り残されて」…「泣いていた」んだ！
ヨウコ　was crying「泣いていた」を詳しくしているのね。
マコト　**動詞 was crying を詳しくしているんだから，left alone は副詞の働きだ！**

デキる人の！視点

```
        S       V       <M>
    A baby was crying  left alone .
                  ↑_____|
              ★かたまりが動詞を詳しくする
```

先　生　素晴らしいですね。かたまりの働きを見抜く力がついています！

マコト　はい，どんどん構造が見えるようになってきました！ 6は5の構造と同じですね。見た目は違うけど，<M>のかたまりが後ろにあるのは一緒だ。

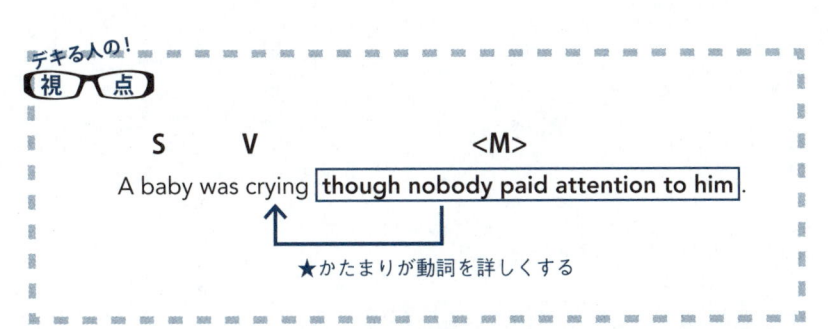

デキる人の！視点

```
        S       V              <M>
    A baby was crying  though nobody paid attention to him .
                  ↑_____|
              ★かたまりが動詞を詳しくする
```

先　生　though nobody paid attention to him は「誰も注意を払っていなかったが」という意味ですが，何を詳しくしていますか？

ヨウコ　was crying「泣いていた」ですね。これも動詞を詳しくしているから，副詞の働き！

解答　5：SV（訳：一人取り残されて，その赤ちゃんは泣いていた。）

　　　　6：SV（訳：誰も注意を払っていなかったが，その赤ちゃんは泣いていた。）

気づきのまとめ ！！！

Question：句・節って何ですか？
Answer　：かたまりの呼び名です。見た目にとらわれず、文構造を理解して、かたまりの働きを見抜きましょう。

すぐに使ってみよう！ ➡ ➡ ➡ ➡

Exercises

Mission! [制限時間5分] | かたまりを文の要素としてとらえる！

日本文を参考にしながら，正しい英文になるように，【 】内の語句を並べ替えてください。文頭に来るべき語句も小文字にしてあります。

Point：かたまりを作った後で，文の要素として働きを考える。

1：ほら，あの子どもでいっぱいの公園を見て！
　　Hey, look at 【park / children / full of / that】！

2：酒気帯び運転は厳禁です。
　　【of alcohol / under / people / the influence】 should not drive.

3：糖分や脂肪分の低い食べ物を食べることで，体重増加が防げます。
　　【sugar / eating foods / low in / and fat】 prevents weight gain.
　　＊prevent 動 ～を防ぐ　weight gain 体重増加

解説

> **解答 -1** that park full of children　↳5-02
>
> ```
>       V         (M)    O      (M)
> ```
> Hey, look at (**that**) park (**full of children**)!

ヨウコ　Hey, look と動詞の原形から始まっていますので，命令文ですね。

先　生　はい。では，初めに「見る対象」から考えてみましょうか。look at ～（～を見る）を一つの動詞として考えるといいですよ。

マコト　要は「あの公園を見て！」ってことだから，look at that park となりますかね。

ヨウコ　なるほど。あとは「子どもでいっぱいの」と詳しくしてあげればいいのね。残りは，children と full of。あ，「子どもであふれている」ということだから full of children ですね。

先　生　いいですね。では，その full of children の位置はどうしましょうか？ かたまりの働きを考えてみてくださいね。

マコト　full of children は「公園」を詳しくするから形容詞だ！ しかも，2語以上のかたまりだから，名詞の後ろから詳しくする！

ヨウコ　ということは，park full of children となるわね。

> **解答 -2** People under the influence of alcohol　↳5-01
>
> ```
>    S        (M)           (M)          V
> ```
> People (**under the influence (of alcohol)**) should not drive.

マコト　日本文はほとんど参考にならないな。「酒気帯び運転は厳禁です」には people「人々」や the influence「影響」がない。

先　生　考えるべきは英語ですので，文型を意識することから始めるんですよ。大事なSとVを見つけてみましょうよ。

ヨウコ　そっか。should not drive って「運転してはいけない」って意味よね。これがVで，「厳禁です」にあたるのね。

マコト　なるほど。Sは名詞がなるけど，運転するのは当然「人」だ！ People should not drive で SV だ。

ヨウコ　残りの of alcohol「アルコールの」だけど，これは the influence「影響」を後ろから詳しくしているんじゃないかしら。だって，「影響」とだけ言っても，何の影響かわからないもの。

マコト　なるほどね！ under the influence of alcohol で「アルコールの影響下の」だ。これが「酒気帯び」にあたる部分だろう。

ヨウコ　それで People under the influence of alcohol と People を後ろから詳しくすれば出来上がりだわ！

解答 -3　**Eating foods low in sugar and fat**　↳5-01

　　　　　　　　S　　　　　　　　　V　　　　　O
[Eating foods (low in sugar and fat)] prevents weight gain.

先　生　ここも2のように考えてみましょう。まずはSVからです。

ヨウコ　Vは prevents ね。「体重増加を防ぐ」という意味で，weight gain が後ろに続いています。「何が」体重増加を防ぐのか考えればいいのね。

マコト　そうだね。sugar「糖分」が「体重増加を防ぐ」と考えるのはおかしいな。日本語は「食べることで」ってなってるけど，「食べることが」防ぐって eating foods が S だ。

ヨウコ　次はどんな食べ物を食べるか考えればいいのね。「糖分や脂肪分の低い」とあるから，low in sugar and fat というかたまりになりそうだわ。「食べ物」を後ろから詳しくしているんだ！

Lesson-6

Write the date when you start!
month/day ／

メガフェプスという例の呪文，覚えなくてはいけませんか？
—— *doing*・to *do*・*do*・*done* 1

　次の文を英語にしてみましょう。「O についてよく考える」は consider O，「海外留学をする」は study abroad です。

a：そのプランについて，よく考えた？
b：海外留学をすることについて，よく考えた？

　まず，a の答えは次のようになりますね。

a：Did you consider the plan?

　consider は他動詞で，後には O となる名詞が来ます。次に，表現のレベルを上げた b はどうでしたか？ 次のような文を書いていませんか？

b：Did you consider study abroad?　　（×）
　　→ studying abroad　　（○）

　consider に，動詞の原形を続けることはできませんね。study は O になる名詞 studying に変えなくてはいけません。同じ「…すること」を表す to study を思いついた方は惜しいですが，ここで使うことはできません。
　Lesson 6 からは，この例文のように動詞が形を変えて，かたまりを作り，文の一部になる働きを見ていきます。ここを乗り越えると，「to *do* と *doing* をどう使い分けるのか？」をすぐに判断できるようになりますよ！

制限時間
6分

次の英文の意味を考えてください。

Point：*doing* や to *do* の前にある動詞に注目する。

1：Do you mind waiting?
2：I seriously considered going back to law school.
3：The CEO finally decided to step down.
　　＊step down 辞任する
4：Does Aki plan to return to Pakistan next year?
5：I remember seeing him at a reception three years ago.
　　＊reception 图 宴会
6：I have to remember to see him at a reception tomorrow.

解答欄

1：
_____

2：
_____

3：
_____

4：
_____

5：
_____

6：
_____

6-01 *doing* は「はっきりしていること」

問題
1：Do you mind waiting?
2：I seriously considered going back to law school.

先　生　今回の問題文のVである mind, consider, decide, plan, remember の後には"動詞の ing 形（= *doing*）"や"to 動詞の原形（= to *do*）"が続いています。「走ることを好む」のように，動詞の後ろに動詞を置く場合，その動詞をOとなる名詞にしなくてはいけません。***doing*** にするか **to *do*** にするかどちらかです。

マコト　動詞の後ろに *doing* が来る動詞のグループを megafeps（メガフェプス）と覚えたような…。結局，どの頭文字が何の単語かなかなか覚えられなかったな。

先　生　そもそもメガフェプスって何の語呂合わせなんでしょうか？ *doing* と何か関係がありますか？

ヨウコ　まったくないですね…。ただ，並べただけですね。

先　生　そうですよね。**こんな呪文，覚える必要はないんです。**それよりも，どういう意味をもつ動詞が，*doing* と相性がよいか覚えるほうが効率的ですよ。以前 *doing* の形で学んだ「途中」の意味から，**以下のようにイメージを広げてください。**

< *doing* のイメージ＞
「途中」から派生させて，「はっきり動きがわかること」
→「動きが続いている」
→「反復，繰り返し」
→「すでに行っている」

先　生　例えば，1の mind は「嫌がる」という意味です。嫌う対象は「はっきり」しているはずですから，doing と一緒に使うんです。

ヨウコ　2の consider は「考慮する」，要は「よく考える」ってことね！ぼんやり「よく考える」って矛盾してる。「はっきり」よく考えるから doing を使うんだわ！

デキる人の！視点

嫌がる→はっきり

Do you mind **waiting**?

よく考える→はっきり

I seriously considered **going** back to law school.

ヨウコ　「待つことを嫌がる」「戻ることを考える」という感じですかね。

マコト　2は「よく考えた」内容が going back to law school「ロースクールに戻ること」というかたまりで来ているんだ。

先　生　そうそう，いい調子ですよ。後ろに doing が来る動詞の例としては，mind「嫌がる」，enjoy「楽しむ」，give up「断念する」，avoid「避ける」，finish「終える」，escape「逃れる」，practice「練習する」，stop「やめる」などですね。意味的にすべて doing のイメージに合うことになります。

マコト　確かに。あれ…，先生，今の動詞ってメガフェプスじゃないですか？ 覚えてたんですか，もしかして。

先　生　昔取った杵柄ならぬ，昔取ったメガフェプスってやつですかね。それこそ呪文のように繰り返しましたから。それはそれでいい思い出です。（遠い目）

解答　1：待つのは嫌ですか？
　　　　2：私は真剣に，ロースクールに戻ることを考えました。

6-02　to do は「ぼんやりしていること」

問題　3：The CEO finally decided to step down.
　　　　4：Does Aki plan to return to Pakistan next year?

マコト　先生，後ろに to do が来る動詞のグループもありましたよね？
先　生　ありましたね。また呪文を唱えますか？
ヨウコ　いや，もういいです。どんな動詞と相性がいいのでしょうか？
先　生　動詞を知る前に，to について改めて考えてみましょう。to の後ろに動詞の原形が来ているので，to 不定詞などと呼ばれていますが，to の後ろには他の品詞が来ることはできないでしょうか？
マコト　名詞が来れば前置詞の to になります。
先　生　はい，その通りです。**後ろに不定詞が来ても，名詞が来ても，to は発音もスペルも同じですよね。**「終着点」を示す to の後に動詞が来た時は，次のように考えてみてください。

＜ to do のイメージ＞
「終着点」から派生させて，
「ぼんやり先のこと」
→「意欲・意図」
→「未遂」

---

　　3 の decide to do は「…することに決める」という意味ですね。「決め」た後に，「…する」流れですね。

ヨウコ　あ，そうか。**決定する内容って，必ず決定時よりも「先のこと」，ぼんやりという感じがします！**

マコト　なるほど。**plan to** *do*「…することを計画する」は，計画することは「ぼんやり先のこと」だから，to *do* の形なんだ！

> デキる人の！
> **(視)(点)**
>
> 　　　　　　　　決める→ぼんやり
> The CEO finally decided **to step** down.
> 　　　　　　　　計画する→ぼんやり
> Does Aki plan **to return** to Pakistan next year?

先　生　後ろに to *do* をとる動詞は他に，afford「余裕がある」，desire「強く望む」，expect「期待する」，hope「希望する」，offer「申し出る」がありますね。manage は「うまく管理する」，つまりその行き着く先を to *do* で示して「何とかして…する」という意味になります。promise「約束する」，refuse「断る」，seek「探し求める」，want「望む」，wish「願う」もすべて「ぼんやり先のこと」で全部あてはまりますね。

ヨウコ　今まで一生懸命覚えていたのが嘘みたい！

先　生　はい，3 では to step down というかたまりが，4 では to return to Pakistan というかたまりが V の後に来ていることを確認しておいてくださいね。

> **解答**　3：その CEO は，最終的に身を引くことに決めた。
> 　　　　4：アキは来年，パキスタンに戻るつもりなの？

6-03 *doing* と to *do* のイメージを徹底する！

> **問題**
> 5：I remember seeing him at a reception three years ago.
> 6：I have to remember to see him at a reception tomorrow.

先　生　5と6で取り上げた remember は，to *do* と *doing* のどちらが後ろに来る動詞でしょうか？

マコト　remember「覚えている」か。「ぼんやり先のこと」を「覚えていて」もよさそうだし，もちろん「はっきりしている，すでに行っていること」だって「覚えている」ような…。

先　生　いいですね。その通り，両方あるんです。remember to *do*「覚えていて…する，忘れず…する」，remember *doing*「…したことを覚えている」どちらも OK です。

ヨウコ　えっ，でも先生，両方とも OK なら，どう使い分ければいいんですか？

先　生　問題を見ながら，確認しましょうか。

マコト　5は「3年前に，宴会で彼に会ったことを覚えている」ですかね。

先　生　その通り。会ったのはいつですか？

ヨウコ　3年前です。あ…3年前のことは「すでに行っていること」なので ***doing* の形になっているんですね！**

デキる人の！視点

I remember **seeing** him at a reception three years ago.
　　　　　　doing ←――――★「すでに起こっていること」

マコト　なるほど。ということは，6では tomorrow「明日」に注意ですね。**「明日」だから「先のこと」で to do**。「明日は，宴会で忘れず彼に会わなきゃ」って感じですかね。

デキる人の！視点

I have to remember **to see** him at a reception tomorrow.
　　　　　　　to *do* ←――――★「これから起こること」

先　生　バッチリです。to *do* も *doing* もどちらも後ろに来る動詞はこの remember の他に，forget などいくつかありますが，基本的には「はっきりしている，すでに行っていること」「ぼんやり先のこと」という考え方で対応できます。

〈to *do* も *doing* も後ろに来る動詞〉
「はっきりしている，すでに行っていること」と「ぼんやり先のこと」を文脈から判断する！

例．remember ／ forget ／ try ／ regret

ヨウコ　わかりました。これで呪文を編み出したり，覚えて唱えたりせずに済みます！ 私たち，魔法使いじゃないもの。

> **解答**　5：3年前に宴会で彼に会ったことを覚えている。
> 　　　　6：明日は宴会で忘れず彼に会わなきゃ。

マコト　ちなみに，to do が来ても，doing が来ても，意味の変わらない動詞ってあるんですか？

先　生　意味がまったく同じというわけではありませんが，like や start のような動詞はその仲間です。これらは to do も doing も後ろに来るものの用法上の大きな違いが出ないとされる動詞ですので，実用上どちらが来ても当然問題はありませんよ。

気づきのまとめ

Question：メガフェプスという例の呪文，覚えなくてはいけませんか？
Answer　：必要ありません。
　　　　　　doing：「はっきり動きがわかること」
　　　　　　to do：「ぼんやり先のこと」
　　　　　　という根本的な意味を意識して，後に来る動詞の形を考えましょう。

すぐに使ってみよう！ ➡ ➡ ➡ ➡

Exercises

Mission!
[制限時間7分] 感覚の違いを意識する！

次の英文の空所に入れるのに，適当な語句を選んでください。
(Point：*doing*, to *do* とその前にある動詞の相性に注意する。)

1：After all, Nao decided _____ a triple axel in her program.
① performing   ② to perform

2：Nao now enjoys _____ a triple axel all the time.
① performing   ② to perform

次の英文の意味を考えてください。
(Point：*doing*, to *do* の根本的な意味に立ち戻る。)

3：I regret saying such a rude thing to the manager last night.
　＊regret は「後悔する」か「残念ながら…する」か意味を推測してみましょう。
　＊rude 形 失礼な

4：We regret to say that we do not offer our service to your area.
　＊regret は「後悔する」か「残念ながら…する」か意味を推測してみましょう。

5：He tried saying some words to his wife in bed.

6：She tried to say something back to him, but she couldn't.

解説

解答-1 ② ⇨6-02

訳：結局，ナオはプログラムで，トリプルアクセルをすることにした。
After all, Nao **decided to** perform a triple axel in her program.

ヨウコ　decide は「決定する」だから，その対象となる行為を行うのはこれからだね。「ぼんやり先のこと」と考えられるので to *do*。

解答-2 ① ⇨6-01

訳：ナオは今では，いつでもトリプルアクセルを跳ぶことを楽しんでいる。
Nao now **enjoys** perform**ing** a triple axel all the time.

マコト　enjoy は「楽しむ」だから，「はっきり動きがわかる」が楽しむ内容になるね。だから *doing*。①が正解だ。

解答-3　私は，昨晩，あんな失礼なことをマネージャーに言ってしまったことを悔いています。　⇨6-03

I **regret** say**ing** such a rude thing to the manager last night.

ヨウコ　saying ということは，暴言を吐いたことが「はっきり」頭の中にあるのね。当然，regret は「後悔する」という意味だと考えられるわ。

> **解答 -4** 残念ながら，当社はお客様のお住まいの地域にサービス提供をいたしておりません。　↳6-03
>
> We **regret to** say that we do not offer our service to your area.

マコト　to say で「ぼんやり先のこと」なんだけど，その内容が，相手である顧客にとってのマイナスの情報だから，まず「残念に思う」気持ちがあるんだね。

先　生　その気持ちの後に残念に思っている内容を say「言う」という流れですね。

> **解答 -5** 彼は，病床の妻に，二言，三言，言葉をかけてみた。　↳6-03
>
> He **tried** say**ing** some words to his wife in bed.

ヨウコ　「言ったことを試みた」…。saying ですから，「言った」のは間違いないんですよね。

先　生　感覚は同じです。saying ですから，「はっきり」しているんです。彼は実際に，病床の妻に声をかけたんです。ですから，try *doing* は「試しに…してみる」という意味です。

> **解答 -6** 彼女は，何か言葉を返そうとしたが，無理だった。　↳6-03
>
> She **tried to** say something back to him, but she couldn't.

マコト　こっちは to say で「ぼんやり先のこと」，つまり病床の妻は症状が重くて，きちんと言葉を返せなかったんだな。

先　生　その通りです。try to *do* は「…しようとする」。事の成否は「ぼんやり先のこと」で，はっきりしないんですね。

Lesson-7

Write the date when you start!
month/day ／

使役動詞と知覚動詞ってどんな動詞ですか？——*doing*・to *do*・*do*・*done*2

　Lesson 3 で have の基本的な意味「持っている」に注目したのを覚えていますか？ have の後ろにはいろいろな表現が来ますね。

a：That musician <u>has</u> to finish recording his new album by tomorrow.
　（そのミュージシャンは，明日までにニューアルバムのレコーディングを終えなければならない。）

　have to *do* は「…しなければならない」という意味ですが，have と to *do* の基本的な意味を，わざと前面に押し出して訳すと次のようになりますね。

a：そのミュージシャンは，**これから先**，明日までにニューアルバムのレコーディングを終えるという行為を，**今持っている**。

　「これから先のこと」（= to *do*）を「今，義務として背負っている」（= has）ので，これを自然な日本語にすると，have to *do* が「…しなければならない」という意味になる，と納得して覚えることができますね。
　Lesson 7 では，動詞の基本的な意味を重視することで，苦手とする人が多い「使役動詞」と「知覚動詞」と呼ばれるものを理解していきます。呼び名にとらわれず，その機能や形に注目していきましょう。

制限時間
7分

次の英文の意味を考えてください。
Point：英文の形・文型を意識する。

1：The scientist made the android.
2：The scientist made the android very intelligent.
3：The scientist made the android do many things for him.
4：The scientist felt the android come closer to him.
5：The guards always keep the back door locked.
6：The guards found the burglar unlocking the back door.
　＊burglar 图 泥棒

解答欄

1：

2：

3：

4：

5：

6：

7-01 動詞の基本の意味を意識しよう！

問題
1：The scientist made the android.
2：The scientist made the android very intelligent.

先　生　2つの英文の文型は？
ヨウコ　ここでまた文型の復習ですか？
先　生　それも1つの目的ですが，メインの目的は別にあります。
マコト　そうなんですね。1は第3文型，2は第5文型です。

　　　　　　　S　　　　　V　　　O
　　1：The scientist made the android.
　　　　　　　S　　　　　V　　　O　　　　C
　　2：The scientist made the android very intelligent.

マコト　1は第3文型だから，madeの後ろに名詞the androidが来ていて「その科学者は人造人間を作った」。
ヨウコ　2は第5文型で，第5文型の動詞の基本的な意味は「させる」だから…。
先　生　文型に沿った解釈がうまくできるようになりましたね。その解釈はもちろん正しいのですが，今回はあえて**made の基本の意味「作る」**を中心に，前後の形を意識しながら，考えてみてください。

	A	made	B
1：	The scientist	made	the android.
2：	The scientist	made	the android very intelligent.

マコト　わかりました。1は「その科学者は人造人間を作った」という意味だから，基本の意味通りだ。

ヨウコ　2は，直訳で変だけど，「The scientist は the android very intelligent を『作った』」と考えればいいのかな？

マコト　確かに変だな…。でも，よくよく考えてみると，「The scientist は the android 《is》 very intelligent という状況を『作った』」のように考えられないかな？

ヨウコ　なるほどね。**後ろをまとめて状況って考えれば，第3文型でも第5文型でも「AはBを作る」と考えられます**！

先　生　いいですね。**第3文型の延長線上に，第5文型をとらえることができることを強く意識してください**。そして，その延長線上で，made の後ろに the android + very intelligent という 名詞+説明語句 ，つまり 状況 がきていると考えてみてください。すると，「AはB（状況）を作った」という見方ができますね。

> **デキる人の！視点**
>
> ```
>           S            V         O              C
>   The scientist  made  the android + very intelligent.
>                        A            B
>                              ＝名詞＋説明語句
>                              ＝状況
> ```

ヨウコ　**状況というかたまりの中にある名詞のことを O，その名詞の説明語句のことを C と呼んでいるんですね。**

マコト　本当だ。結局，make は make ってことで考えることができるんだな。

解答
1：その科学者は人造人間を作った。
2：その科学者は人造人間の知能を非常に高くした。

7-02　C の位置に来る *doing* / to *do* / *do* / *done*

問題　3：The scientist made the android do many things for him.

ヨウコ　1 や 2 と同じ見方をすると，the android が名詞，do many things for him が説明語句ですね。動詞の位置からしてこれが C かな…。

110

> **デキる人の！視点**
>
> ```
>        S        V         O                    C
> The scientist made the android + do many things for him.
>                       名詞＋説明語句
> ```
> ★「状況」を表すかたまりでおさえる！

先　生　その通りです。ここで，Cにくる要素をまとめてみましょう。

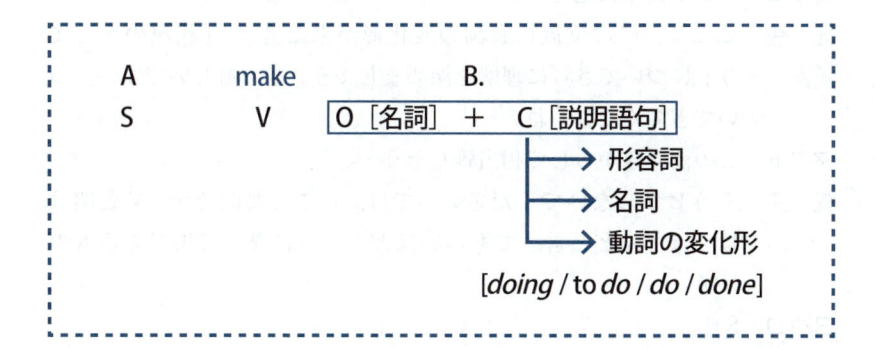

```
A              make      B.
S      V       O [名詞] ＋ C [説明語句]
                           → 形容詞
                           → 名詞
                           → 動詞の変化形
                          [doing / to do / do / done]
```

　　　Cになるのは intelligent のような形容詞か，次のような名詞（his loyal servant）もありますね。

```
              S      V        O           C
2′：The scientist made the android his loyal servant.
```
　　（その科学者は，人造人間を自分に忠実な召し使いにした。）

マコト　そして，3の文のような動詞の変化形ですね。見た目からして難しそう。

先　生　でも，初めに形は見えていますから大丈夫ですよ。まずは直訳で，どんな意味になりますか？

ヨウコ　「その科学者は，the android が do many things for him という状況を『作った』」ですか？

先　生　バッチリです。きれいな日本語にしてみましょうか。

マコト　「その科学者は，人造人間に，自分のためにたくさんの作業をさせた」…うわっ，できた！

先　生　Cに形容詞，名詞，動詞の変化形がくるという3パターンはマスターできましたね。

ヨウコ　今まで複雑に見えていたけど，スッキリしました。

先　生　ここで，Cの位置に動詞の変化形が来た場合，「状況のかたまり」についてさらに理解を深めましょう。少し難しいですが，ついてきてくださいね。

マコト　この前置きからして相当難しそう…。

先　生　そうビビらないでください。では，ここで質問です。Vと聞けば，ほとんどと言ってもいいほどセットになって出てくるものは？

ヨウコ　S！

先　生　英語の考え方が体に染みついていますね。その考え方はいつでも徹底させてください。**Cの位置に動詞の変化形Ⓥが来たら，ここでもやっぱりⓈを考えてほしいんです。動詞の変化形と言っても，元は動詞ですので，常に主語を探してください。必ずそこにSVの関係が成り立っていますから。**

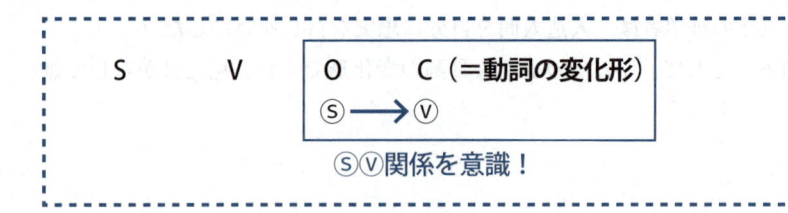

```
┌─────────────────────────────────────────────┐
│                                             │
│   S      V      O     C（＝動詞の変化形）    │
│                 Ⓢ ──→ Ⓥ                    │
│                ⓈⓋ関係を意識！               │
│                                             │
└─────────────────────────────────────────────┘
```

先　生　Vの位置に来る動詞が何であっても，必ず意識してくださいね。Sなどを○で囲んでいるのは，「意味上の要素」であることを表します。

ヨウコ　なるほど。OCのところに⑤Ⓥ関係が成り立っているんですね。

先　生　はい，重要なポイントです。では，3のⓋであるdoの⑤は何ですか？

マコト　doするのはthe androidですね。

先　生　そうですね。そして，doの後ろにmany things for himがあるのは，doが動詞の変化形だからですね。Ⓥに対して，Ⓞがあるのは自然ですよね。

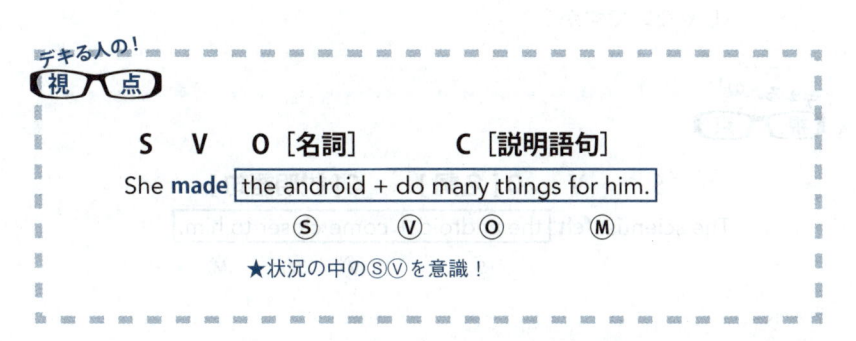

デキる人の！視点

```
  S    V    O ［名詞］         C ［説明語句］
She made  the android + do many things for him.
              Ⓢ           Ⓥ    Ⓞ        Ⓜ
         ★状況の中のⓈⓋを意識！
```

ヨウコ　**状況のかたまりの中にも文型があるんですね！**　こうして見ると，形もとらえやすいし，意味もわかりやすい！

解答　3：その科学者は，人造人間に自分の代わりにたくさんの作業をさせた。

7-03 使役／知覚動詞という呼び名に惑わされない！

問題 4：The scientist felt the android come closer to him.

マコト　4も3と同じようなパターンと考えていいのかな。でも make じゃなく feel が使われています。4は次のように考えればいいんじゃないですか？

デキる人の！視点

　　　　S　　　V　　O[名詞]　　　　C[説明語句]
The scientist **felt** the android + come closer to him.
　　　　Ⓢ　　　　　　　Ⓥ　　　Ⓜ　　　Ⓜ

先　生　その通りです。直訳，そしてきれいな日本語にしてみましょう。
ヨウコ　feel の基本の意味は「感じる」よね。だから「その科学者は，the android が come closer to him という状況を『感じた』」。
マコト　状況のかたまりの中は，ⓈⓋⓂⓂという文型になっているので，「その科学者は，人造人間が彼に近寄ってくるのを感じた」…うわっ，できた！
先　生　意味を考える時には、状況のかたまり内の文型に目を向けてくださいね。
ヨウコ　やっぱり，ⓈⓋもきちんと把握したほうが，意味がわかりやすい！

マコト　先生，make 以外の動詞で，4 では feel が使われていますけど，他にもたくさんあるんですか？

先　生　ありますよ。でも，その動詞の意味にはパターンがあります。

ヨウコ　えっ，本当ですか？

先　生　そもそも，このパターンの英文は，第何文型だと考えればよいですか？

マコト　第 5 文型です。あっ，そうだ！ **第 5 文型ってことは，意味は「S は O を C にする・させる」か「S は O を C だと言う・思う」だ**！

先　生　そうです。このパターンを取る動詞は，その 2 つのグループに大きく分けることができるんです。

ヨウコ　言われてみれば，make は「S は O を C にする・させる」，feel は「S は O を C だと言う・思う」のグループですね。

先　生　その通りです。ここで代表例をリストアップしておきましょう。

〈「S は O を C にする・させる」グループ〉

・make O C [*doing* ／ *do* ／ *done*]　「O を〜にする・…させる」
・have O C [*doing* ／ *do* ／ *done*]　「O を〜にする・…させる」
・let O C [*do*]　　　　　　　　　　　「O が…するのを許す」
・get O C [*doing* ／ to *do* ／ *done*]　「O を〜にする・…させる」
・cause O C [to *do*]　　　　　　　　　「O が…する原因となる」
・bring O C [to *do*]　　　　　　　　　「O に…するようにさせる」
・help O C [to *do* ／ *do*]　　　　　　「O が…するのに役立つ」
・allow O C [to *do*]　　　　　　　　　「O が…するのを許す」
・keep ／ leave O C [*doing* ／ *do* ／ *done*]
　　　　　　　　　　　　　　　　　　　「O を〜のままにしておく」

〈「S は O を C だと言う・思う」グループ〉

・五感を使う動詞　例．feel ／ hear ／ see ／ smell

先　生　学校などでは,「する・させる」グループを使役動詞,「言う・思う」グループを知覚動詞と教わりますが, 呼び名そのものよりもその働きが大切です。「Cの位置にどのような動詞の変化形が置かれるか」は, Vとなる動詞によって違うことに注意しましょう。

| 解答 | 4：その科学者は人造人間が近寄ってくるのを感じた。 |

7-04　*doing* と *done* は能動と受動の関係

| 問題 | 5：The guards always keep the back door locked.
6：The guards found the burglar unlocking the back door. |

ヨウコ　make, feel と同様, keep, find を軸にして考えてみました。

デキる人の！視点

S　　　V　　O［名詞］　C［説明語句］
The guards always **keep** the back door + locked.
　　　　　　　　　　　　　Ⓢ　　　　Ⓥ

S　　V　　O［名詞］　　C［説明語句］
The guards **found** the burglar + unlocking the back door.
　　　　　　　　Ⓢ　　　　Ⓥ　　　Ⓞ

マコト　このパターンにも慣れました。5 は keep の基本的な意味「保つ」から，後ろの状況を「常に保っている」と考えて，「守衛はいつも裏口を施錠したままにしています」だ。

ヨウコ　6 は find の基本的な意味「見つける」から，「守衛は，泥棒が裏口を解錠しているところを見つけた」。find は「言う・思う」グループでしょう。

先　生　素晴らしいですね。もう自分たちの力で見抜けていますね。この 2 つの文で注目してほしいのは，locked と unlocking の形です。それぞれ lock Ⓞ で「Ⓞを施錠する」，unlock Ⓞ で「Ⓞを解錠する」という意味の他動詞です。今回 locked の後ろにはピリオドだけで，Ⓞはありませんよね。他動詞なのに O がない…何か思い出しませんか？

マコト　<u>Ⓞがないから受動態！</u>

先　生　その通り。

　　　　5：... the back door **locked** ☐ ．
　　　　　　　★Ⓞがないから受動態！

　　　　6：... the burglar **unlocking** ☐the back door☐．
　　　　　　　★Ⓞがあるから能動態！

ヨウコ　受動態だから *done* の形になるんですね。unlock のほうは the back door という<u>Ⓞがあるから能動態で **unlocking** なんですね</u>！

先　生　その通りです。能動態と受動態の考え方は，理解のスピードアップにかなり貢献します。Exercisesでこの感覚を確かなものにしましょう！

> **解答**
> 5：守衛はいつも裏口を施錠したままにしている。
> 6：守衛は泥棒が裏口を解錠しているところを見つけた。

気づきのまとめ ❗❗❗

Question：使役動詞と知覚動詞ってどんな動詞ですか？
Answer：第5文型を作る「する・させる」系の動詞,「言う・思う」系の動詞の呼び名です。

S　　V　　O[名詞]　＋　C[説明語句]
　　　　　　　　　　　　　→①形容詞
　　　　　　　　　　　　　→②名詞
　　　　　　　　　　　　　→③動詞の変化形
　　　　　　　　　　　[*doing* ／ to *do* ／ *do* ／ *done*]
※③の場合には，OとCの間に⑤Ⓥ関係が成り立つ！

すぐに使ってみよう! ➡➡➡

Exercises

Mission! [制限時間7分] 状況をつかめ！

1-3は空所に入れるのに最も適当な語句を，①〜④の中から1つ選んでください。4-5は英文の意味を考えてください。

Point：今回学んだ動詞＋状況の感覚を意識する。

1：I'll _____ my secretary show you around the city tomorrow.
① get　　② cause　　③ have　　④ bring

2：I saw Ms. Burnham _____ a bunch of jangling keys.
① carries　　② carried　　③ to carry　　④ carrying

3：I saw Ms. Burnham _____ out of the burning house.
① carries　　② carried　　③ to carry　　④ carrying

4：Ricky had his brand-new PC repaired in the Orange store.

5：Ricky had his brand-new PC stolen in a busy street.

解説

解答-1 ③ ⤷7-02,7-03

訳：明日は，うちの秘書に街を案内させますよ。

  S   V   O   C
I'll **have** my secretary show you around the city tomorrow.
              Ⓢ   Ⓥ   Ⓞ   Ⓜ

マコト　Cの位置にある説明語句にあたる部分 show you around the city の動詞が原形 do の形になっているので，Cの位置に原形を置けるのは have ですね。後に原形を使えるのは have しかない。

解答-2 ④ ⤷7-04

訳：私は，バーナムさんが，ジャラジャラと音をたてて，たくさんのカギを持ち歩いているのを見た。

 S V   O   C
I **saw** Ms. Burnham carrying a bunch of jangling keys .
         Ⓢ   Ⓥ   Ⓞ

マコト　saw は五感を使う動詞だから，説明語句の形は see O C [*doing* / *do* / *done*] だ。答えは②か④。状況の中の文構造を見てみると，空所の後ろに a bunch of jangling keys という Ⓞ があるので能動態だから，④が正解だな。

解答-3 ② ⇨7-04

訳：私は，バーナムさんが燃えさかる家屋から運び出されるのを見た。

S V O C
I **saw** Ms. Burnham carried out of the burning house.
　　　Ⓢ　　　　　Ⓥ　　　　　　Ⓜ

ヨウコ　2と同じですね。空所の後ろは out of the burning house というⓂで，Ⓞがないので受動態。②が正解です。

解答-4 リッキーは，手に入れたばかりのパソコンを，オレンジストアで修理してもらった。　⇨7-03, 7-04

S V O C
Ricky **had** his brand-new PC repaired in the Orange store.
　　　　　　Ⓢ　　　　　　Ⓥ　　　　Ⓜ

解答-5 リッキーは，手に入れたばかりのパソコンを，人通りの多い通りで盗まれてしまった。　⇨7-03, 7-04

S V O C
Ricky **had** his brand-new PC stolen in a busy street.
　　　　　Ⓢ　　　　　　Ⓥ　　　Ⓜ

マコト　had は後ろに状況がきて，have O C [*doing* / *do* / *done*]。今回は *done* の形でそれぞれ repaired と stolen となっている。

先　生　had は 4 では「もらった」，5 では「しまった」という訳ですね。「この場合の have はこう訳す！」のように公式化して覚えるのではなく，have の基本の意味は「持つ」，どう訳すかは後ろの状況次第だ，ということを意識しましょう。

Lesson-8

Write the date when you start!
month/day　　　／

○○的用法, 分詞構文って何ですか?
――*doing*・to *do*・*do*・*done*3　Part I

　次の英文中の to get to the office on time の意味を考えてみてください。

a：　　？　　to get to the office on time　　？　　.
b：　　　？　　　to get to the office on time.
c：　　　？　　　to get to the office on time.

「時間通りにオフィスに着く『こと』…？」
「時間通りにオフィスに着く『ための』……？」
「時間通りにオフィスに着く『ために』……？」

　当然ですが, to get to the office on time の部分だけではわかりませんね。ここだけ見ても, 意味がつかめないのです。

　Lesson 8 では, *doing*・to *do*・*done* といったかたまりが, 文の一部としてどのように働くかを見ていきます。Lesson 8 の前半は to *do* にしぼって学んでいきましょう。
　改めて文型を意識して, かたまりの働きは「かたまりが置かれる位置によって決まる」ということを確認することで, to *do* の意味は明らかになりますよ。

制限時間
5分

次の英文の意味を考えてください。
Point：文中での to do のかたまりの働きに注目する。

1 : Hey, Betty, to get to the office on time is almost impossible.

2 : There was no way to get to the office on time.

3 : We were running to get to the office on time.

解答欄

1 : _____

2 : _____

3 : _____

8-01 to do は名詞の働きをする！

問題 1：Hey, Betty, to get to the office on time is almost impossible.

マコト to do が文中にあると，文型を意識して意味を考えるのが難しくなる…どう考えればいいですか？

ヨウコ to do を見ると，どうしても学校で習った「〇〇的用法」が頭に浮かんで，「きちんと識別しなきゃ！」と意気込んでしまいます。

先　生 **to do を見たら，まず，to do のかたまりがどこまでかを考えましょう**。焦らずにここからスタートすることが大切です。

マコト かたまりがどこまでかを見抜くコツはありますか？

先　生 はい。このコツを 1 を見ながら考えていきましょう。to がついているとは言え，get はもともと動詞ですので，**to get のかたまりの範囲は，動詞 get の文型，つまり動詞 get が後ろに取る形によって決まるんです**。

　　　　to get <to the office> <on time>
　　　　　Ⓥ　　　　Ⓜ　　　　　　Ⓜ

マコト あ，ここでもⓋが！　意味上の関係を見抜くんですね。

先　生 そうなんです。to do を中心に周りの形を考えてくださいね。

ヨウコ　この get は Ⓥ Ⓜ Ⓜ で第 1 文型ですから「移動する」ですね。今まで to *do* のかたまりの中で，文型なんて考えたことがなかった！これで，どこまでが to *do* の範囲なのかわかりやすくなります。

先　生　to *do* のもとは動詞である以上，to *do* を見たらいつでも，かたまりの中の文型を意識してください。

ヨウコ　では，そのかたまりを見抜いたら，次はどこに注目すればいいですか？

先　生　to *do* のかたまりは文の一部であることを意識すればいいんですよ。

---

to *do* のかたまりと他の表現との関係を見抜く！
→かたまりが「S・O・C・M のどの働きをしているか」

ヨウコ　この文の V は is で，almost は M ですね。最後の impossible は be 動詞に続く C でしょう。だから，to get のかたまりは，is の S になっています！

> **デキる人の！視点**
>
> $\quad$ S $\qquad\qquad$ V \<M\> $\quad$ C
> Hey, Betty, to get to the office on time is almost impossible.
> $\qquad\qquad\quad$ Ⓥ $\quad$ Ⓜ $\qquad$ Ⓜ
>
> ★かたまりがSになる！

先　生　いいですね。初めに「○○的用法」が話に出ましたが，Sになる品詞は何でしたか？

マコト　Sは名詞に決まってるじゃないですか。

先　生　そうです，名詞に決まっているんです。ですから，この to *do* の用法を「名詞的用法」と呼んでいるんですね。用法を識別しようだなんて意気込む必要ありません。かたまりが見抜けて，文の意味がわかれば十分です。

ヨウコ　楽に to *do* が入った英文に接することができそうです。**かたまりの範囲と働きの2つが見抜ければ英文の意味がきちんとわかりますね！**

> **解答**　1：ねぇ，ベティ，時間通りにオフィスに着くなんてほぼ無理だよ。

8-02　形容詞として働く to *do* は名詞を詳しくする！

> **問題**　2：There was no way to get to the office on time.

マコト　2の文はバッチリ見抜けたぞ。to *do* の部分は1と同じだから，

There was no way と to do のかたまりに分けられるね。

ヨウコ　There was no way で「方法がなかった」という第1文型が成立しているので，to do のかたまりは M ですよね。

先　生　はい，そこまでは OK です。では，肝心 M はどの語句を詳しくしていますか？

マコト　そもそも「方法がなかった」と言われても，何の方法かわからないので，この to get のかたまりは way を詳しくしている！

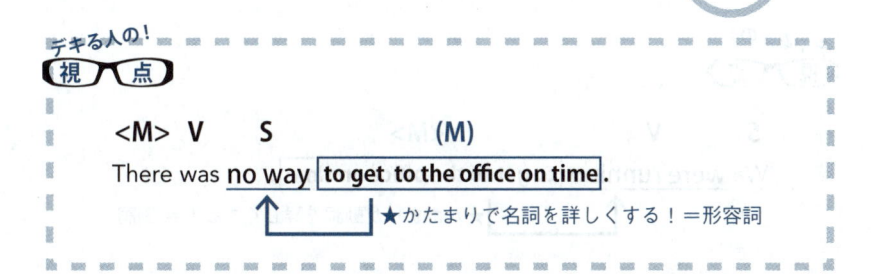

デキる人の！
視 点

```
  <M>   V    S           (M)
There was no way  to get to the office on time .
         ↑
         └──────┘
              ★かたまりで名詞を詳しくする！＝形容詞
```

先　生　正解です。この to do は名詞 way を詳しくしていますから，結果的に「形容詞的用法」と呼ばれています。way to do「…する方法」はセットでよく使われるので覚えておくとよいですよ。

ヨウコ　方法と言ったら，何の方法か言わないと意味が伝わりませんね。

| 解答 | 2：時間通りにオフィスに着く方法はなかった。 |

| 8-03 | 副詞として働く to do は動詞を詳しくする！ |

| 問題 | 3：We were running to get to the office on time. |

ヨウコ　We were running で第1文型。to do のかたまりは M です。

マコト　ここでは，2のように名詞を詳しくしているわけじゃないな。近くに詳しくする名詞がないですし。

先　生　そうなると，詳しくしているのは名詞以外のものですね。to do のかたまりとその他の部分の意味関係を考えましょう。

ヨウコ　「私たちは走っていた」「時間通りにオフィスに着く」…なるほど。**なぜ走っていたか詳しくしているんですね！**

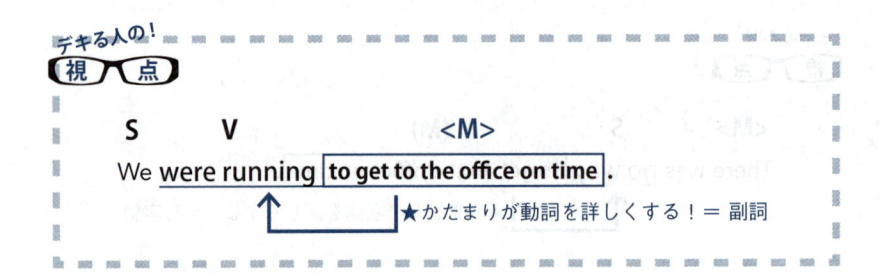

デキる人の！
（視　点）

```
     S      V              <M>
     We were running  to get to the office on time .
                      ↑
                      ★かたまりが動詞を詳しくする！＝ 副詞
```

先　生　走る目的ですね。動詞 were running を詳しくする to do のかたまりは，目的を表す「副詞的用法」と呼ばれるわけです。

マコト　**でも，用語を覚えなくても，かたまりの範囲と他の表現との関係を見抜くことができれば，意味はスッとわかるようになりますね！**

| 解答 | 3：時間通りにオフィスに着くために，私たちは走っていた。 |

すぐに使ってみよう！　➡　➡　➡　➡

Exercises

Mission!
[制限時間 5 分]

to do のかたまりの働きを見抜け！

次の英文の意味を考えてください。
Point：to do によってできるかたまりの働きに注目する。

1：Our company definitely has the potential to advance your career.
＊definitely 副 間違いなく　potential 名 可能性
　advance 動 〜を前へ進める

2：To advance your career, you must be more active and more responsible.

3：To advance your career is your first priority.
＊priority 名 最優先事項

解説

解答-1 わが社には，間違いなくあなたのキャリアを伸ばす可能性があります。↳8-02

```
     S        <M>      V     O           (M)
Our company definitely has the potential to advance your career.
                                          (V)           (O)
```

マコト　Our company … has the potential で SVO だ。でも，このままじゃどんな可能性かわからないから，to advance your career「あなたのキャリアを伸ばす」が potential「可能性」を詳しくしていると考えればいいね。

解答-2 キャリアを伸ばすには，君は，もっと積極的に，そしてより責任感を持たねばなりませんね。↳8-03

```
       <M>              S      V         C
To advance your career, you must be more active and more
 (V)           (O)
responsible.
```

ヨウコ　you must be more active and more responsible で SVC だから，To advance your career は <M> ね。1 の文みたいに詳しくする名詞も近くにないから，後ろを詳しくする働きをしているのね。

先　生　「キャリアを伸ばすために」というように，目的としてとらえるのがよいでしょう。

解答-3 キャリアを伸ばすことが君の最優先事項だ。⇨8-01

```
    S              V        C
To advance your career  is your first priority.
 Ⓥ      Ⓞ
```

先　生　文の最初の部分は 2 と同じですね。でも，is your first priority と続いているわけですから，to advance your career はこの文の S になりますね。

マコト　「キャリアを伸ばすことは」と考えればSに合う訳になりますね。

Lesson-8

Write the date when you start!
month/day　　　　／

◯◯的用法, 分詞構文って何ですか？
—— *doing*・to *do*・*do*・*done* 3　　Part II

　ここまでは，英文中の to *do* のかたまりの働きを見てきましたが，ここからは，*doing* と *done* のかたまりの働きを見ていきます。以下の reading "Management" under that tree と injured in the previous game の意味を考えてみてください。

d：　　?　　reading "Management" under that tree.
e：　?　reading "Management" under that tree　?　.
f：　?　reading "Management" under that tree.

「あの木の下で『マネジメント』を読む『こと』…？」

g：　　?　　injured in the previous game　?　.
h：　?　, injured in the previous game,　?　.

「前の試合でけがを『して』…？」

　to *do* の時と考えることは同じです。*doing* と *done* によってできるかたまりが，周りの表現とどのような関係にあるかがわかれば，文の意味ははっきりと見えてきます。早速確認してみましょう。

制限時間
5分

次の英文の意味を考えてください。
Point：*doing* と *done* の，文中でのかたまりの働きに注目する。

4：Nanami's morning routine includes reading "Management" under that tree.　＊include 動 〜を含む
5：The girl reading "Management" under that tree is our assistant coach.
6：She is waiting for the team members, reading "Management" under that tree.
7：The player injured in the previous game is in the hospital now.
8：Sadly, injured in the previous game, Shinji is in the hospital now.

解答欄

4：_____

5：_____

6：_____

7：_____

8：_____

8-04 *doing* も名詞の働きをする！

> 問題　4：Nanami's morning routine includes reading "Management" under that tree.

先　生　まずは *doing* のかたまりだけを考えてから全文を見ていきましょう。

　　　　reading "Management" under that tree
　　　　　　Ⓥ　　　　Ⓞ　　　　　　　Ⓜ

ヨウコ　read Ⓞ「Ⓞ を読む」が *doing* の形になっていますが，"Management" が reading の Ⓞ の位置に来ています。その後に読む場所である under that tree が続いていますね。

マコト　under that tree は「読んでいる」場所だと考えられるので，Ⓜ だと言えます。

先　生　はい，その通りです。reading のかたまりは ⓋⓄⓂ という意味上の関係が見えてきますね。では，かたまりを文の要素として考えると，英文の全体像はどのように見えてきますか？

マコト　Nanami's morning routine がこの文の S で，V が includes ですよね。

先　生　V となる include O「O を含む」は，後に O が必要となりますね。

ヨウコ　そうですね。ということは，reading のかたまりは O になるのでは？

デキる人の！視点

```
              S        V              O
Nanami's morning routine includes  reading "Management"
under that tree.                   Ⓥ         Ⓞ
   Ⓜ                          ★かたまりが O になる！
```

先　生　よく理解できていますね。では，reading のかたまりが O になるということから，何の品詞の働きをしているかわかりますね？

ヨウコ　はい，**この doing のかたまりは名詞の働きをしているということですね！**

先　生　完璧です。これを doing の名詞用法，つまり「動名詞」と呼んでいるわけですね。

マコト　なるほど。「動名詞」は聞いたことがあります。でも，こんなに単純なことなんだ。reading のかたまりは，「あの木の下で『マネジメント』を読むこと」と訳せばいいですね。

解答　4：ナナミの朝の日課に，あの木の下で『マネジメント』を読むことが含まれている。

8-05 形容詞として働く *doing* は名詞を詳しくする！

> **問題** 5：The girl reading "Management" under that tree is our assistant coach.

マコト　5の文では，reading のかたまり以外のところを見てみると，後ろに is が見つかるので，The girl is our assistant coach が文の骨格になっているのでは？

ヨウコ　SVC の第2文型ですよね。となると，**doing のかたまりは〈M〉にならざるを得ないような…**。

先　生　いいですよ，その感覚。reading なので V に見えがちですが，そもそも *doing* だけで V になることはありません。

ヨウコ　そして，文中で S と V の間に挟まってもいいものを考えると，O や C はあり得ない。絶対に M だわ。

マコト　後は，何を詳しくしているか考えればいいわけだけど，後ろの is では意味的におかしいし，**直前の The girl しかないな！**「あの木の下で『マネジメント』を読んでいる，あの子」だ。

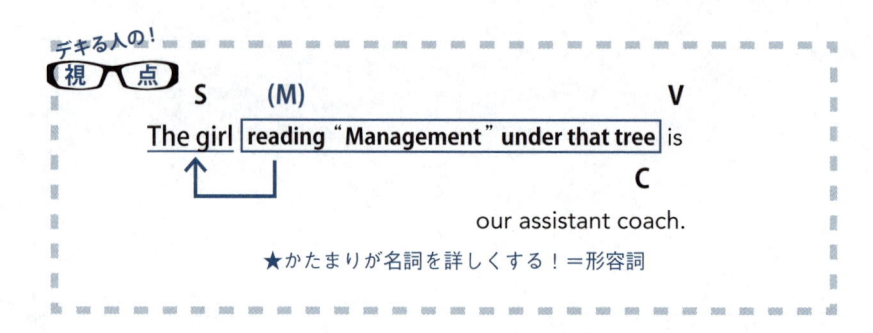

デキる人の！
視点

　　　　S　　　(M)　　　　　　　　　　　　　V
　　The girl │reading "Management" under that tree│ is
　　　　↑＿＿＿＿＿＿＿＿＿＿＿＿＿＿＿＿＿＿＿＿＿＿＿┘　　C
　　　　　　　　　　　　　　　　　　　　　our assistant coach.

★かたまりが名詞を詳しくする！＝形容詞

先　生　その通りです。The girl は名詞ですから，それを詳しくしている reading のかたまりは形容詞の働きをしていますね。文法用語では，形容詞や副詞の働きをする *doing* を，動名詞と区別して，「分詞」と呼んでいます。**難しい呼び名である上に，英語の理解を促進してくれるものではありませんから無理に覚える必要はありませんよ。**

問題　5：あの木の下で『マネジメント』を読んでいるあの子が，私たちの副コーチだよ。

8-06　副詞として働く *doing* は動詞を詳しくする！

問題　6：She is waiting for the team members, reading "Management" under that tree.

マコト　コンマの前までは第 1 文型で OK ですよね？　**その時点で英文が成立しているから，*doing* のかたまりは〈M〉だ！**
先　生　次は，「そのかたまりがどういう働きをしているか」を考えるんでしたね。
ヨウコ　最初は，5 のように，直前の名詞 the team members を詳しくすると思いました。
先　生　でも，そう考えると，「彼女は，あの木の下で『マネジメント』読んでいる，チームメイトを待っている」となり，ちょっとおかしいですね。

ヨウコ　そうなんです。だから、詳しくしているのは the team members ではないと思うんですよね。
マコト　となると、もう候補は動詞の is waiting しかないです。つまり、**どんな風にその子がチームメイトを待っているかを詳しくしているんじゃないかな。**意味は「あの木の下で『マネジメント』を読みながら」かな。

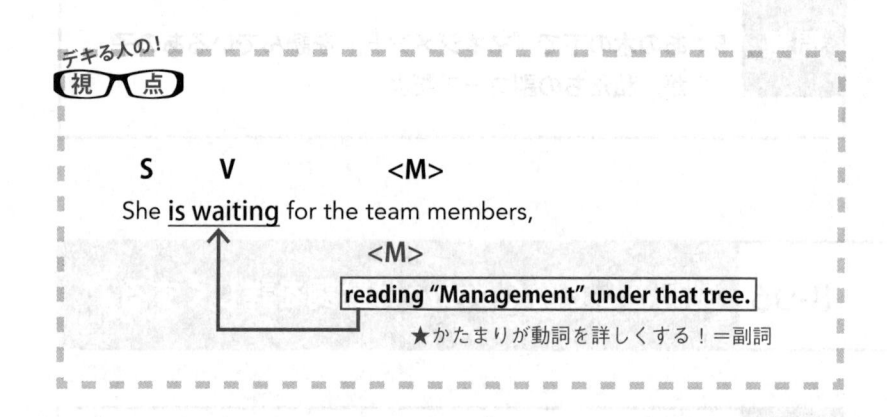

デキる人の！視点

```
        S    V          <M>
       She is waiting for the team members,
                           <M>
                reading "Management" under that tree.
```
★かたまりが動詞を詳しくする！＝副詞

先　生　そうです。is waiting は動詞ですから、それを詳しくする *doing* のかたまりは副詞の働きをしていると言えます。副詞の働きをする *doing* は分詞であり、この用法が「分詞構文」と呼ばれています。
ヨウコ　分詞構文ってずいぶん難しそうな呼び名なのね。
先　生　はい。**やはり大切なのは、*doing* のかたまりとその他の表現との関係ですね。**その関係がたまたま「同時」であれば「…しながら」とすればいいですし、「理由」であれば「…ので」とすればいいんです。*doing* を使ってそういう意味合いをぼかしているわけですから、「〜して」という意味で考えてもほとんど問題はありませんよ。

マコト　分詞構文を恐れることなんてないですね。**かたまりの範囲と他の表現との関係を見抜く…英文の読み方はいつも同じ！**

先　生　さあ，その勢いで最後は done によってできるかたまりを見ていきましょう。

解答　6：彼女は，あの木の下で『マネジメント』を読みながら，チームメイトを待っている。

8-07　形容詞の働きをする *done*

問題　7：The player injured in the previous game is in the hospital now.

先　生　この問題もかたまりを見ることから始めましょう。

　　　injured in the previous game
　　　　Ⓥ　　　　　Ⓜ

マコト　injure Ⓞ で「Ⓞ を傷つける」という意味だけど……，あっ，Ⓞ がないから受動だ！

先　生　その通り。能動・受動の考え方も定着してきましたね。「前回の試合で傷つけられた」ということをもう少し自然な日本語にすると…。

マコト　「前回の試合でケガをした」という感じですかね。

ヨウコ　次はかたまり以外の全体を見てみます。7の文では，The player is in the hospital now が SV<M><M> で文の骨格になっているので第1文型です。となると，*done* のかたまりは M ですね。

マコト　*doing* の時とまったく一緒だ。能動か受動かが違うだけですね。**詳しくしているのは直前の名詞 The player**。「前回の試合でケガをした，その選手」ですね。

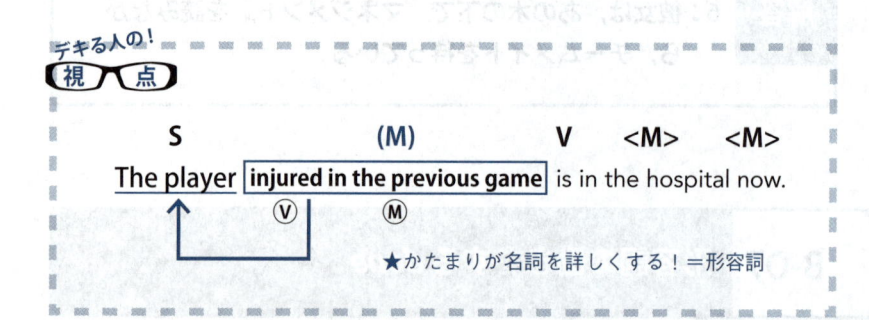

デキる人の！視点

```
        S            (M)           V    <M>    <M>
   The player  injured in the previous game  is in the hospital now.
                 Ⓥ        Ⓜ
```
★かたまりが名詞を詳しくする！＝形容詞

先　生　完璧ですね！形容詞の働きです。*done* は，形容詞や副詞の働きをする「分詞」と呼ばれています。**名詞の働きもする *doing* とは違い，*done* のかたまりが名詞の働きをすることはありません。**

解答　7：前回の試合でケガをした選手は，現在入院中です。

8-08 副詞の働きもする *done*

問題 8：Sadly, injured in the previous game, Shinji is in the hospital now.

ヨウコ　Sadly, Shinji is in the hospital now は第1文型だとわかります。**だから，*done* のかたまりは〈M〉です。**

マコト　7と違うのは，injured in the previous game が詳しくするものだ。「前回の試合でケガをした」から「今入院中」なので，**injured のかたまりは is in the hospital now の理由だね。**

デキる人の！視点

<M>　　　<M>　　　　　　　　S　V　<M>　　<M>
Sadly, injured in the previous game, Shinji is in the hospital now.

★かたまりが動詞を詳しくする！＝副詞

先生　その通りです。動詞を詳しくしているわけですから，*done* のかたまりは，副詞として働いています。これは「分詞構文」と呼ばれるものですよ。ただ，呼び名よりも働きですね。

解答　8：悲しいことですが，前回の試合でケガをしたため，シンジ選手は，現在入院中です。

気づきのまとめ

Question：○○詞的用法，分詞構文って何ですか？
Answer　：単なる文法用語です。それよりも，to *do*・*doing*・*done* が作るかたまりを見抜くことが大切です。そして，そのかたまりが文の一部として，その他の部分との関係で，どのように働いているかを考えましょう。

- ■名詞の働きをする……………*doing*・to *do*
- ■形容詞の働きをする…………*doing*・to *do*・*done*
- ■副詞の働きをする……………*doing*・to *do*・*done*

すぐに使ってみよう！ ➡ ➡ ➡ ➡

Exercises

Mission! [制限時間3分] かたまりを文の要素としてとらえる！

次の英文の空所に入れるのに最も適当な語句を，①〜④の中から1つ，選んでください。

Point：かたまりの範囲を見抜くところから始める。

1：The woman [　　　] the black suit is our new manager.
① worn　　② wear　　③ wearing　　④ wore

2：I received a letter [　　　] in Italian.
① written　　② write　　③ writing　　④ wrote

3：This vitamin pill, [　　　] properly, will relieve your fatigue.
① taken　　② take　　③ taking　　④ took

＊vitamin pill ビタミン剤　fatigue 图 疲労

4：[　　　] at the station, I saw many people waiting for me.
① Arrived　　② Arrive　　③ Arriving　　④ Arrival

143

解 説

解答-1　③　8-05

訳 あの黒いスーツを着ている女性が，うちの新しいマネージャーだよ。

```
     S         (M)         V      C
The woman |wearing the black suit| is our new manager.
  Ⓢ        Ⓥ              Ⓞ
```

マコト　The woman is our new manager で SVC だから，空所から suit までは (M) だよ。
ヨウコ　そうね。だから，②や④はダメよね。(M) になれないもの。
マコト　後は，worn と wearing の違いだから，能動と受動の違いかな。
ヨウコ　後ろに the black suit っていうⓄがあるわ。だから能動。wearing が正解。

解答-2　①　8-07

訳 私はイタリア語で書かれた手紙を受け取った。

```
  S   V    O         (M)
I received a letter |written in Italian|.
                      Ⓢ    Ⓥ    Ⓜ
```

ヨウコ　1と同じパターンね。I received a letter で SVO だから，空所から Italian までは (M)。written と writing の違いね。
先　生　write Ⓞ で「Ⓞ を書く」が本来の形ですが，written の後ろは in Italian で，Ⓜ ですね。Ⓞ がありません。
マコト　だから，受動の written が正解だ！

解答-3 ① ↳8-07

訳　このビタミン剤は，適切に服用することで，疲労を和らげます。

　　　　S　　　　<M>　　　　V　　　O
　This vitamin pill, **taken properly**, will relieve your fatigue.
　　　　　　　　　ⓢ　　ⓥ　　Ⓜ

先　生　コンマがあってもアプローチはいつも同じです。
マコト　This vitamin pill will relieve your fatigue で SVO だから，空所と properly はセットで <M> だよ。
ヨウコ　だから，②や④は正解にならない。次は，能動・受動の確認ね。
マコト　take Ⓞ で「Ⓞ を取る」…ここでは「摂取する」って感じね。properly は Ⓜ だから，Ⓞ が後にないから受動。答えは taken。

解答-4 ③ ↳8-07

訳　駅に着くと，多くの人が私を待っているのが見えた。

　　　<M>　　　　　　　　S　V　　O　　　　C
　Arriving at the station, I saw many people waiting for me.
　　ⓥ　　　Ⓜ　　　ⓢ

ヨウコ　I saw many people waiting for me で SVOC だから，空所から station までは <M> ね。
マコト　能動・受動でしょ。
先　生　動詞 arrive は能動・受動という考え方ができますか？
マコト　あっ，自動詞か！ arrive「到着する」で第1文型の動詞だから，もともと Ⓞ がないんだよ。
ヨウコ　そうね。受動がそもそもないんだから，ここで，Arrived に飛びついちゃいけないのね。

Introduction

Lesson-9

Write the date when you start!
month/day　　　／

interesting と interested の違いは何ですか？——*doing*・to *do*・*do*・*done* 4

　interesting と interested，surprising と surprised など感情を表す *doing*・*done* は多くの人がつまずく部分です。なぜつまずくのでしょうか？

　理由は簡単です。日本語と英語では，表現が1対1で対応していないからです。「驚き」という感情を例に，まずは日本語を見てみましょう。

私は驚いた。　　　★「驚く」の過去形　　　→○
私は驚かされた。　★「驚かす」の受動態の過去形　→○

　次はこれらの文を，日本語を直訳して，英語にしてみましょう。

I surprised.　　　★ surprise に自動詞はない　　→×
I was surprised.　★ surprise の受動態の過去形　→○

「私は驚かされた。」と I was surprised. は対応していますが，日本語では「私は驚いた。」のほうが使用頻度も高いので，日本語の感覚をひきずると，I surprised. と言いたくなるでしょう。しかし，これでは正しい英文とは言えません。ただ，いちいち「私は『驚かす』のかな？『驚かされる』のかな？」と考えてから，surprising と surprised のどちらを使うか決めていたら，英語で会話するなんて夢のまた夢ですね。Lesson 9 では，例に挙げた感情を表す *doing*・*done* を素早く，正確に使い分ける方法を身につけていきましょう。

制限時間
4分

次の英文の意味を考えてください。
Point:「感情の原因」と「結果として感情を持った人」に注目する。

1 : During the party, Yuto told me one funny story after another, and kept me laughing the whole time. He was so interesting.

＊ one after another 次々と

2 : During the party, Yuto told me one funny story after another, and kept me laughing the whole time. So I got interested in him.

解答欄

1 :
_____

2 :
_____

9-01　*doing* は「感情の原因」，*done* は「結果として感情を持つこと」

ヨウコ　何を隠そう，私は「『『驚かす』のかな？『驚かされる』のかな？」と考え込んでしまう，典型的な学習者です。

マコト　右に同じです！

先　生　そうですか…。ここで，感情について考えてもらいたいのですが，そもそも心って自然に動きますか？「喜怒哀楽といった感情は，何の原因もなく沸き起こりますか？」ということです。

マコト　ん？ そういえば，**感情が生じる時には必ず原因がある！**

ヨウコ　原因もなく，喜んだり怒ったり哀しんだり……ってかなり危ない人になってしまうわ。

先　生　そうなんです。**喜怒哀楽には必ず【原因】があり，その原因を受けて，【結果】として感情が生まれるんですね。**「驚き」を例にして，図示してみましょう。

　　　　　　　　　　　　　　→
　　　[The news]　　　**surprised**　　　[me].
　【感情を引き起こす原因】　→　【結果として感情を持つ人】

マコト　なるほど。【原因】が S になって，O である【感情を持つ人】に影響を与えているということですね。

先　生　いいですね。では，この英文の内容をニュース主体，そして私主体で考えると，どのような英文になるでしょうか。「ニュースは〜だった」「私は〜だった」という表現の仕方ですね。

> [The news] was **surprising** to me.　　Sがモノ or 人　*doing*【能動】
> [I] was **surprised** by the news.　　Sが普通は人　*done*【受動】

マコト　【感情を引き起こす原因】をSにして，*doing* で表現するんですね！
先　生　はい。【感情を引き起こす原因】は，その状況において主導権を握っているわけですから，英語ではその原因を「能動的な立場」でとらえています。したがって，*doing* で表現するんです。
ヨウコ　その逆で，【結果として感情を持つ】ことを *done* で表現すると。
先　生　そうなんです。【結果として感情を持つ人】はその状況において原因を受ける「受動的な立場」なので，*done* で表現します。
マコト　今後は，「驚かす」「驚かされる」のように，日本語に訳して，混乱することはなくなりそうだ。
先　生　いいですね。訳は後からついてくるものですからね。
ヨウコ　surprising であれば，まず「驚きの原因」を表現していると考えれば簡単ね。
マコト　surprised は「《ある原因を受けて》結果として驚いた」と考えればいい。*done* が結果として感情を持つことを表すから，*done* の対象は絶対に「人」になるんだ。
先　生　いいところに気づきましたね。「物」が感情を持つわけないんです。
ヨウコ　The desk was surprised. とか The tree was excited. とかは不気味。物を擬人化するのは SF やおとぎ話の世界ね。
先　生　そう，明らかに不自然ですよね。ここまで理解すれば問題の見え方が変わりますよ。では，1 から見ていきましょう。

問題 1：During the party, Yuto told me one funny story after another, and kept me laughing the whole time. He was so interesting.

マコト　パーティーで，ユウトは私に次から次へと面白い話をして笑わせた…そのユウトを説明する文だ。

ヨウコ　*doing*，つまり interesting が使われているので，ユウトは【興味をかき立てる原因】だわ。

先　生　しっかり理解できていますね。登場人物は「ユウト」と「私」しかいないわけですから，後ろには to me が省略されていると考えると，内容を理解しやすくなると思います。

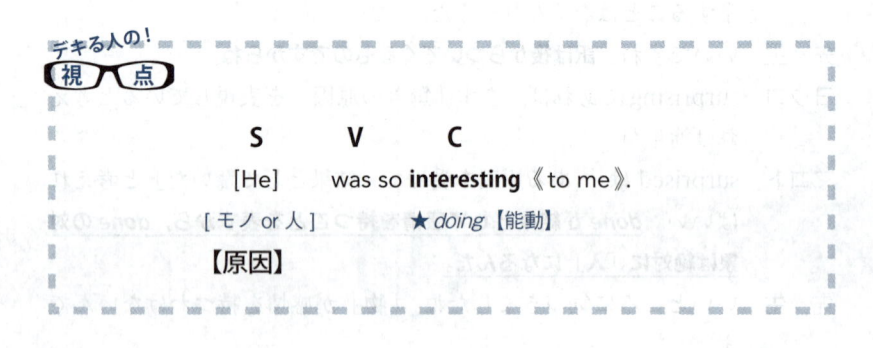

デキる人の！視点

　　　　　　　　S　　　　V　　　　C
　　　　　　　[He]　　was so **interesting** 《to me》．
　　　　　　　[モノ or 人]　　　　★*doing*【能動】
　　　　　　　【原因】

ヨウコ　interesting の使い方が深くわかりました！　この調子で 2 も見てみます。

問題 2：During the party, Yuto told me one funny story after another, and kept me laughing the whole time. So I got interested in him.

ヨウコ　2は1と文脈は似てるけど，主語が違います。私はあくまでユウトの面白い話をたくさん聞いて，【結果として興味を抱いた】わけだから，done で表現するのね。

マコト　だから interested を使うのか！

デキる人の！視点

```
         S     V      C
  So    [I]   got   interested in him.
       [普通は人]    ★done【受動】
  【感情を持つ人】
```

先　生　バッチリですね。**ポイントは感情を表す表現では，必ず存在する因果関係を探ることです。**また，今回学んだこの感情表現の *doing*・*done* は，名詞の説明をする形容詞ということができます。これらの形容詞が文中に出てきた時には，「その形容詞がどの名詞を説明するものなのか」を文構造からよく考えてくださいね。

ヨウコ　わかりました。因果関係の確認と，説明する名詞の確認ですね！

解答　パーティーの間，ユウトは，私に次から次へと面白い話をして笑わせた。
（1 後半部の訳）　彼は（私にとって）とても面白かった。
（2 後半部の訳）　だから，私は彼に興味を持った。

気づきのまとめ

Question ：interestingとinterestedの違いは何ですか？
Answer ：感情表現の *doing* は【感情を引き起こす原因】を表し, *done* は【結果として感情を持つ】ことを表します。したがって, interestingは「興味をかき立てる原因」を表し, interestedは「結果として興味を持った」と考えればOKです。

すぐに使ってみよう！

Mission! ［制限時間6分］ 因果関係を見抜け！

次の英文の空所に入れるのに最も適当な語句を，次の①〜④の中から1つ選んでください。

Point：感情が起こる原因と結果に注目する。

1：In this city Yuko had a _____ adventure.
① shock　② to shock　③ shocking　④ shocked
＊adventure 图 予期せぬ経験　shock 動 〜をひどくびっくりさせる

2：I found Masato very _____ because all the stories he told us were very funny.
① amuse　② to amuse　③ amusing　④ amused
＊amuse 動 〜を面白がらせる

3：Kouta found his wife so _____ with the present.
① please　② to please　③ pleasing　④ pleased
＊please 動 〜を喜ばせる

4：Hiroshi looked very _____ after his boss criticized him.
① depress　② to depress　③ depressing　④ depressed
＊criticize 動 〜を批判する　depress 動 〜を落ち込ませる

153

解説

解答-1 ③ 🔖 9-01

訳 ユウコはこの町で衝撃的な予期せぬ経験をしました。

<M>　　　　S　　V　　(M)　　　O
<In this city> Yuko had a **shocking** adventure.

ヨウコ　文構造を見ると，空所は adventure を詳しくする (M) ね。adventure はモノだから，もちろん感情の原因で *doing* を使いますね。

解答-2 ③ 🔖 9-01

訳 マサトが私たちにしてくれた話はどれも面白かったから，私は彼のことをとても愉快だと思った。

S　　　V　　　　O　　　　　C
I found Masato very **amusing** because all the stories he told us were very funny.

ヨウコ　空所は SVOC の C ね。私が Masato のことをどう思ったか説明する部分ね。Masato は人だから，感情の原因にも，結果として感情を持つ側にもどちらにもなる可能性があるから，前後をよく見なくちゃ。

先　生　そうですね。because 以降を見ると，彼のする話はどれも面白かったとありますね。

マコト　なるほど。この文ではマサトは面白さの原因になっているんだ。だから doing で ③ が正解だ！

解答 -3　④　↳9-01

訳　コウタは妻がプレゼントで喜んでいるのがわかった。
　　　S　　V　　O　　C
Kouta found his wife so **pleased** with the present.

マコト　文構造は，2 と同じで，空所は SVOC の C だ。コウタが his wife のことをどう思ったか説明する部分だよ。his wife は人だからここだけでは判断できない。

ヨウコ　ということは，前後にヒントがありそうね。with the present がヒントかな。

マコト　the present が原因となって，結果として his wife は喜んだんだね。だから done で④が正解だ。

解答 -4　④　↳9-01

訳　上司が批判するものだから，ヒロシはとても落ち込んでいるようだった。
　　S　　V　　　　C
Hiroshi looked very **depressed** after his boss criticized him .

ヨウコ　空所は SVC の C。主語の Hiroshi の説明ね。後ろには「上司が批判した（criticized）」とあるわ。これが原因となって，ヒロシは結果として落ち込んだのね。done で表すから④。

Lesson-10

Write the date when you start!
month/day

意味上の主語ってどういう意味ですか？
――*doing*・to *do*・*do*・*done* 5　Part I

　これまで *doing*・to *do*・*done* のかたまりの働きについて学んできました。その中に，次のような例文がありましたね。

a：There was no way to get to the office on time.

　ここで考えてみてください。a で「オフィスに時間通りに着く」のが Bob だったら，どのように表現すればいいのでしょうか？ Bob 以外の人には「オフィスに時間通りに着く」方法が残されていたけれども，Bob にはその方法がもうなかったことを表現したい。今までよりさらに豊かな英語表現をするわけです。

　Lesson 10 では，*doing*・to *do*・*done* のかたまりに対して，「主語を表す」「否定する」「『より前』を表す」方法を身につけていきます。*doing*・to *do*・*done* がもともと動詞だということを意識すれば，すんなり理解できます。まずは，to *do* から一通り確認していきましょう。to *do* と同じ考え方で，*doing* と *done* も豊かな表現ができるようになりますよ。

制限時間 6分

以下の英文の意味を考えてください。
Point：to do のかたまりが文中でどのような働きをしているかに注目する。

1： It is beneficial for elderly people to do moderate exercise.
＊ beneficial 形 有益な　elderly people 高齢者　moderate 形 適度な

2： It is beneficial not to get too much salt.

3： Dinosaurs are believed to have become extinct millions of years ago.
＊ extinct 形 絶滅した

解答欄

1：

2：

3：

10-01 to *do* の主語を表す！

先　生　Lesson 8 で，次のような例文とともに，名詞の働きをする to *do* を学びましたね。

　　　　Hey, Betty, to get to the office on time is almost impossible.

先　生　この to *do* のように，直接 S の位置に来る場合に加えて，S が後ろに来ることもあるんです。

マコト　後ろ？　いまいちイメージしづらいな。

先　生　では，Lesson 8 の例文を使って見てみましょうか。

　　　　　　　　　　　S V　　　　　　C　　　《S》
　　　　Hey, Betty, **it** is almost impossible **to get to the office on time.**

ヨウコ　あれ，これって同じ意味ですか？　it が冒頭に来て，to *do* のかたまりが後ろにいってます。

先　生　はい，英語は長い S を嫌う傾向にあるんです。だから，短い指示語の it をとりあえず S にして，本当の S（=《S》）を後ろで言うんですよ。この形はよく使われるので，しっかりおさえておいてくださいね。

本当の主語は後ろにある！

　　　S　V　　C　　《S》
　　 It　is　形容詞　to *do*

※ It は to *do* の代わりになる。
→ it は単なる指示語で，後ろで to *do* で説明する。

マコト　なるほど。It is almost impossible で「それはほとんど不可能だ」と先に結論を言うんだね。
ヨウコ　「それ」って何だろうと思うから，後ろでちゃんと to do で説明するのね。
先　生　では，この基本をもとに 1 を見ていきましょう。

> 問題　1：It is beneficial for elderly people to do moderate exercise.

ヨウコ　さっき習った通り，文頭の It は，後ろの to do moderate exercise を指していますよね。
マコト　for elderly people は，前置詞で始まるかたまりで，ひとかたまりと考えられる。
先　生　その通りです。では，この for で始まるかたまりは何を表してると思いますか？
ヨウコ　そのかたまりを除いて考えれば，「適度な運動をすることが，ためになる」って意味ね。その「適度な運動をする」人が elderly people と考えるのがよさそう。
マコト　**elderly people が to do moderate exercise の主語ってことか！**
先　生　はい，素晴らしいです。**to do の主語は for Ⓢ として to do の前に置く**のが普通です。

〈to do の主語を表す〉
for Ⓢ to do （for Ⓢ を to do の前に置く）
　　　Ⓥ

マコト　なるほど。じゃあ，「高齢者が適度な運動をすることは…」と，主語を意識して意味を考えればいいんだな。

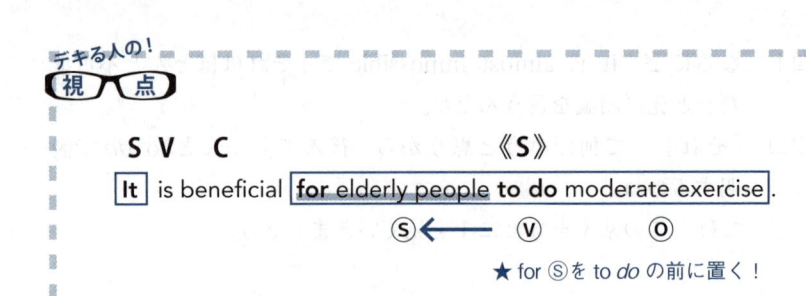

> **デキる人の！視点**
>
> ```
>     S  V      C                    《S》
>    It is beneficial for elderly people to do moderate exercise.
>                          Ⓢ ←──        Ⓥ        Ⓞ
>                           ★ for Ⓢ を to do の前に置く！
> ```

解答 1：高齢者が適度な運動をすることは有益である。

10-02 to do を否定する！

問題 2：It is beneficial not to get too much salt.

マコト　また to do の前の様子がいつもと違うな…。not がある。

ヨウコ　**not なんだから to get too much salt を否定すればいいんじゃないかしら？**

先　生　そう、いたって単純ですよね。not を置く場所をしっかりおさえておきましょう。普通、V を否定するには don't などを V の前に置きますよね？ **この場合も、否定したい語句のまとまりである to do の前に置きます。置く言葉はいつでも not か never であることを覚えておきましょう。don't では to do を否定できませんので注意してください。**

〈to *do* を否定する〉
not ／ never to *do*　（否定語を to *do* の前に置く）
　〈否定〉　　Ⓥ

マコト　to *do* の前に not を置くだけなら，単純だ。to *do* だって否定しなきゃいけない場合もあるよね。
ヨウコ　「塩分を摂りすぎないこと…」と訳せば大丈夫そうね。

デキる人の！
視点

　　　S V　　C　　　　《S》
　　 It is beneficial **not to get** too much salt．
　　　　　　　　　　〈否定〉Ⓥ　　　Ⓞ
　　　　　★ not や never を to *do* の前に置く！

ヨウコ　表現の幅が広がっていく気がするわ。楽しくなってきた！
先　生　いいですね。その調子で 3 も見てみましょう。

解答　**2**：塩分を摂りすぎないことは有益である。

10-03 to do「より前」を表す！

問題 3：Dinosaurs are believed to have become extinct millions of years ago.

先　生　この文は，文末の millions of years ago をどう考えるかがポイントです。

マコト　そうなんですか？　millions of years ago は「何百万年も前」ですよね。

ヨウコ　**あ，… ago があるのに，過去を表す動詞がないですね。**

先　生　そう，そこです。次の文と比べてみると，見えてくるものがありますよ。

> 3'：Some countries are believed to be secretly developing nuclear weapons.

be believed「考えられている」は推測を表しますが，3 と 3' は，are believed ですから，推測しているのが現在だということがわかります。to do のかたまりは，その推測の内容ですね。

マコト　そうか！ 3' の推測内容「秘密裏に核兵器の開発をしている（国がある）」という推測の内容は，推測したタイミングと同じ現在だけど，3 の「何百万年前に，恐竜が絶滅した」という推測の内容は，**明らかに過去なので，推測したタイミング「より前」だ！**

先　生　「より前」ということは何を使って表しますか？

ヨウコ　**「より前」と言えば *done*！**

先　生　そうですね。to *do* とは言え，もとは動詞。このように，「より前」を示す必要がある場合だってありますよね。to *done* とは言

えないので，あとはクッション的に「持っている」の have を入れて，to have *done* と表現します。

⟨**to** *do*「より前」を表す⟩
to **have** *done*　　（to *do* を to have *done* にする）

マコト　なるほど。「より前」を表さなくてはいけないので，ここでは to have *done* が使われているんだ！

先　生　become は原形と *done* が同じ形（become）なので，注意しましょう。

デキる人の！
（視　点）

　　　　S　　　V　　　　　　　C
　Dinosaurs are believed to have become extinct
　　　　<M>　　　　　　「より前」
　millions of years ago.

　　　　　　　★ to have *done* で「より前」を表す！

解答　3：恐竜は何百万年も前，絶滅したと，今では考えられている。

先　生　ちなみに，この文のVは are believed to do と考えるといいですよ。

ヨウコ　あ，be able to *do* を「…することができる」と考えるのと一緒ですか？

先　生　その通り。to *do* の *do* を，文構造上のV，その前の部分は，助動詞的に意味を付け加える働きをしていると考えたほうが楽です。

> 動詞＋《原 / *doing* / *done*》＋ **to** *do* は，to までを 助 扱いにして，*do* をVと考える

マコト　なるほど。こう考えるだけで，英語を理解するスピードが速くなりそうだ。

先　生　もちろんそうですよ。3 の例で言えば，are believed to have become の (have) become をVととらえれば，内容が格段に理解しやすくなりますよね。

すぐに使ってみよう！ ➡ ➡ ➡ ➡

Exercises

Mission! [制限時間3分] ⑤，否定，「より前」にも驚かない！

次の英文の空所に入れるのに最も適当な語句を，次の①〜④の中から1つ選んでください。

Point：to do のかたまりがどのように働くか注目する。

1：Haruka's income is enough [____] her to live a normal life.
① for　　② of　　③ with　　④ from
　＊ income 图 収入　　live a life 生活をする

2：It was wise [____] Mika not to go into too much detail in the meeting.
① for　　② of　　③ with　　④ from
　＊ go into detail 詳細に述べる

3：Oh, I have a terrible hangover. I seem [____] too much last night.
① have drunk　　② to drink
③ to drunk　　　④ to have drunk
　＊ hangover 图 二日酔い　　seem to do …するようだ

165

解説

> **解答 -1** ① ⏵10-01
>
> 訳 ハルカの収入は，彼女が普通の暮らしをするには十分だ。
>
> ```
>         S         V     C    〈M〉
> Haruka's income is enough for her to live a normal life.
>                            Ⓢ    Ⓥ      Ⓞ
> ```

ヨウコ　to do の Ⓢ は，for Ⓢ という形で表すので正解は①。

先　生　for her to live a normal life は，直前の enough を詳しくしていますね。

> **解答 -2** ② ⏵10-01
>
> 訳 ミカが会議であまり詳細に踏み込まなかったのは賢明だった。
>
> ```
>  S  V   C  〈M〉 《S》
> It was wise of Mika not to go into ... detail in the meeting.
>            Ⓢ       Ⓥ     Ⓜ             Ⓜ
> ```

マコト　to do の Ⓢ は for Ⓢ で表すのでは…？

先　生　実はこの問題文のように of Ⓢ で表す場合もあるんです。性格・性質を表す場合など，要はその Ⓢ と前にある形容詞を be 動詞でつないでみて意味が通じる場合です。

マコト　うーんと，この文だったら，形容詞 wise ですね。

ヨウコ　be 動詞でつなぐということは Mika is wise。意味は通じますね。だから，of Ⓢ なんですね。

解答 -3 ④ ↳10-03

訳 うー，ひどい二日酔いだ。昨日の夜飲みすぎちゃったみたいだ。
Oh, I have a terrible hangover. I seem to have drunk too much last night.
　　　　　　　　　　　　　　　　　　　　　　　　　現在
過去

マコト　①や③は形的に×だ。この人，第1文で Oh, I have a terrible hangover. と言っているから，今二日酔いで苦しんでいるんだ。

ヨウコ　その原因は，昨晩飲みすぎたからだろうと推測しているのね。

マコト　「飲みすぎた」のは，推測している今「より前」だ。

ヨウコ　② to drink だと，現在の推測と昨日の内容の時間差が出ないね。

マコト　④ to have drunk にすれば「より前」をきちんと表すことができるね。

Introduction

Lesson-10

Write the date when you start!
month/day　　　　／

意味上の主語ってどういう意味ですか？——*doing*・to *do*・*do*・*done* 5　　Part II

　ここまでは，to *do* の「主語を表す」「否定する」「『より前』を表す」方法を見てきました。Lesson 8 では次のような英文が出てきましたね。

b：She is waiting for the team members, reading "Management" under that tree.

　「あの木の下で『マネジメント』を読んでいる」のが their coach だったら，どのように表現すればいいのでしょうか？　健気にチームメイトを待つ彼女と，対照的に木陰で本を読む監督を描写したい場合です。

　Lesson 10 の前半で to *do* を学んだ皆さんであれば，何となく表現方法が見えてくるでしょう。Lesson 10 の後半では，to *do* と同じようにかたまりを作る *doing* と *done* が，「主語を表す」「否定する」「『より前』を表す」方法を見ていきます。理屈はまったく同じですから，このままの流れで一気に理解してしまいましょう。

制限時間
6分

以下の英文の意味を考えてください。
Point：*doing* のかたまりが文中でどのような働きをしているかに注目する。

4：His mother is embarrassed about him wearing such ragged clothes to the party.　＊ragged 形 ぼろぼろな
5：He is embarrassed about not following the dress code for the party.
6：He is ashamed of having misbehaved at the party last week.　＊misbehave 動 不作法にふるまう
7：It being clear and sunny, I decided to wash some clothes.
8：Not meeting the deadline, she was bitterly scolded by her boss.
9：Having finished the project successfully last year, he will be promoted this year.　＊be promoted 昇進する

解答欄

4：

5：

6：

7：

8：

9：

10-04 名詞 *doing* の主語を表す！

問題 4：His mother is embarrassed about him wearing such ragged clothes to the party.

先　生　「彼のお母さんは恥ずかしい思いをしている」んですが，その理由が about 以降のかたまりです。about をはじめ，前置詞を見たらセットになる名詞を探しましょう。

マコト　その名詞として，動詞 wear の変化形 wearing が名詞として置かれているんですね。でも，him をどうしたら…。

　　　　　　　　S　V　　C　　　副　　　動名詞
　　　　His mother is embarrassed about him wearing …

先　生　今回のポイントです。to do の考え方を活用するとわかりますよ。

ヨウコ　wearing の前にある him は **to do の前に置かれる主語 for ⓈのようΖに，*doing* の前にあるということは主語を表すのでは？** お母さんは息子が「パーティーにボロボロの服を着て」きていることが恥ずかしいのね。

先　生　その通りです。名詞の働きをする *doing* の主語の表し方を見てみましょう。

〈名詞 *doing* の主語を表す〉
目的格　　　*doing*　（目的格か所有格を名詞 *doing* の前に置く）
　　or　　　　　Ⓥ
所有格
　　Ⓢ

ヨウコ 「**主語を置く位置は動詞の前**」は，英語で一貫していますね！ 主語にしたいのは he だから，目的格 him か所有格 his を置くのね。

> デキる人の！
> 視点
>
> … about him wearing such ragged clothes to the party.
>   Ⓢ ← Ⓥ   Ⓞ   Ⓜ
>   ★目的格か所有格を名詞 *doing* の前に置く！

解答 4：彼がぼろぼろの服をパーティーで着ていることに，彼の母は気まずい思いをしている。

10-05 名詞 *doing* を否定する！

問題 5：He is embarrassed about not following the dress code for the party.

マコト また *doing* の前の様子がいつもと違うな…。not がある。って to do の時と同じこと言ってる！
ヨウコ 本当だ！ じゃあ，**この not は *doing* を否定している**ね！ 「ドレスコードに従っていないこと」を恥ずかしく思っているのよ。

〈名詞 *doing* を否定する〉
 not ／ **never** *doing*（否定語を名詞 *doing* の前に置く）
〈否定〉

> デキる人の！
> 視点
>
> ```
>    S   V       C        副         動名詞
> He is embarrassed about [not following the dress code for the party].
>                         〈否定〉     Ⓥ         Ⓞ              Ⓜ
>                              ★ not を名詞 doing の前に置く！
> ```

解答 5：彼は，パーティーのドレスコードに従っていないことに気まずい思いをしている。

10-06 doing「より前」を表す！

問題 6：He is ashamed of having misbehaved at the party last week.

先　生　この文は，文末の last week をどう考えるかがポイントです。
ヨウコ　先生，わざとさっきと同じ言い方してる。last week とあるのに，is ashamed，つまり恥ずかしく思っているのは今だわ。
マコト　**現在「より前」を表す必要があるから，ここも to do の時と同じで，done を使っているんだ。**
先　生　正解です。ここも to do と同じように考えることができますね。

> 〈名詞 doing「より前」を表す〉
> **having done**　　　（doing を having done にする）

ヨウコ　これだけ同じ考え方ができるのに、別々に覚えていたら損ね。
マコト　確かに。意味的には、「先週パーティで不作法にふるまったことに…」と今より前のことだと意識すればいいね。

デキる人の! 視点

　　S V　　C　　副 動名詞
　　He is ashamed of |having misbehaved| at the party last week.
　　　　　　　　　　　「より前」

★ having *done* で「より前」を表す！

問題 6：彼は先週、パーティーで不作法にふるまったことに気まずい思いをしている。

10-07　副詞 *doing*・*done* の主語を表す！

問題 7：It being clear and sunny, I decided to wash some clothes.

ヨウコ　being のかたまりの前に It がぽつんとあります。
先　生　そうですね。この It は絶対に必要なんです。It がなかったらと仮定して、being clear and sunny のかたまりだけで文構造を考えてみると、どのようになりますか？
マコト　being が Ⓥ で、clear and sunny が Ⓒ。Ⓢ がないですね。
ヨウコ　あ… It がないと、Ⓢ は I になってしまうのでは…？

ヨウコ 「私が快晴」というよくわからない意味になってしまいますね。

     \<M>   **S** **V**   **O**
    Being clear and sunny, I decided to wash some clothes.
     Ⓥ   Ⓒ   Ⓢ !?

先　生 そうなんですよ。Lesson 8 で学んだ次の文では，S と Ⓢ が同じでも問題ありません。無理に表す必要がないんです。

    S **V**   **\<M>**
    She **is waiting** for the team members, **reading** "Management"
    Ⓢ   Ⓥ   Ⓞ
    under that tree.
      Ⓜ

マコト だから，今回のように，**S と Ⓢ が違う場合は，to *do* や名詞 *doing* と同様，主語を前に置くんだ！**
先　生 いいですね。置く位置には間違いはないですが，この *doing* は副詞ですので，名詞 *doing* の主語と違って主格にすることに注意してくださいね。

〈副詞 *doing*・*done* の主語を表す〉
主格 *doing*・*done*　（主格を副詞 *doing*・*done* の前に置く）
 Ⓢ   Ⓥ

ヨウコ 主格ということは，基本的にそのまま置けばいいんですよね。
先　生 はい，ということで，ここで置かれている It が being の主語。これは天候を表す場合に主語として用いるので，置かれているんですよ。「それ」と日本語訳に表す必要はありません。

デキる人の！視点

```
        <M>              S   V      O
   It being clear and sunny , I decided to wash some clothes.
    S   V         C
```
★主格を副詞 *doing*・*done* の前に置く！

解答 7：スカッと晴れていたので，私は洗濯しようと決めた。

10-08 副詞 *doing*・*done* を否定する！

問題 8：Not meeting the deadline, she was bitterly scolded by her boss.

マコト　これはわかりやすいな。**Not は後ろの meeting のかたまりを否定しているんだよ！**
ヨウコ　*doing*・*done* を否定するには，前に **not** を置くということね！
先　生　素晴らしい！これまでと同じですね。

〈副詞 *doing*・*done* を否定する〉
not／never *doing*・*done*
　〈否定〉
（否定語を副詞 *doing*・*done* の前に置く）

マコト　did など余計なものはつけないのも同じ。

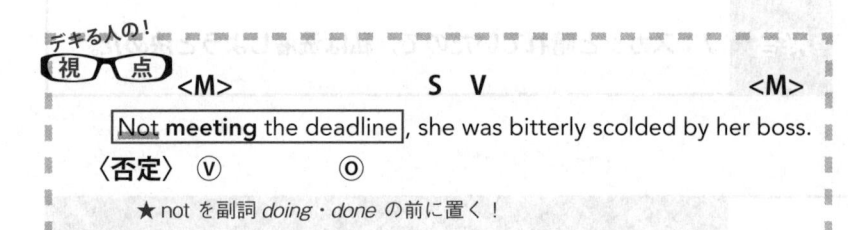

デキる人の！
〈視点〉　<M>　　　　　　　S　V　　　　　　　　　　<M>
Not meeting the deadline, she was bitterly scolded by her boss.
〈否定〉　Ⓥ　　　Ⓞ

★ not を副詞 *doing*・*done* の前に置く！

解答　8：締め切りに間に合わなかったので，彼女は上司にこっぴどく叱られた。

10-09　副詞 *doing*・*done*「より前」を表す！

問題　9：Having finished the project successfully last year, he will be promoted this year.

ヨウコ　last year と this year では時がズレていますね。Having finished のかたまりの内容は，明らかに will be …の時点「より前」だわ。

マコト　だから，having done の形が使われてる。「昨年プロジェクトをうまく終えたので…」みたいな訳かな。

先　生　はい，それで問題ありません。「より前」を表す時に，doing は having done に変えますが，done「より前」を表す場合はどのような形に変えると思いますか？　ここは少し難しいので，意識して覚えておいてくださいね。

〈副詞 doing・done「より前」を表す〉
having done　　　（doing を having done にする）
having been done　（done を having been done にする）

マコト　あ…名詞 doing「より前」を表す時も having done だったな。doing「より前」を表す場合は，doing が名詞だろうが副詞だろうが，having done にすればいいんですね。

デキる人の！
(視　点)

<M>
Having finished the project successfully last year ,
「より前」Ⓥ　　　　　Ⓞ　　　　　Ⓜ　　　　Ⓜ

★ having done・having been done で「より前」を表す！

　S　　V
he will be promoted this year.

解答　9：去年，プロジェクトをうまく終えたから，彼は，今年，昇進するだろう。

気づきのまとめ !!!

Question：意味上の主語ってどういう意味ですか？
Answer：to *do*・名詞 *doing*・副詞 *doing*・*done*、それぞれのかたまりは、動詞としての性質を持っているので、「主語を表す」「否定する」「『より前』を表す」場合があります。

	to *do*	名詞 *doing*	副詞 *doing*・*done*
主語を表す	for Ⓢ to *do*	所有格/目的格 *doing*	主格 *doing* 主格 *done*
否定する	not to *do*	not *doing*	not *doing* not *done*
「より前」	to have *done*	having *done*	having *done* having been *done*

※これらのルールを意識するのは、「主語」「否定」「より前」を示す必要がある場合

すぐに使ってみよう！ ➡ ➡ ➡ ➡

Exercises

Mission! [制限時間6分]
⑤, 否定,「より前」にも驚かない！

次の英文の空所に入れるのに最も適当な語句を，次の①〜④の中から1つ選んでください。

Point：Sと⑤の違いに注意を向ける。

1： [　　　　], Tae was about to propose to him.
① Beating her heart fast　② Her heart beating fast
③ Beaten her heart fast　④ Her heart beaten fast

2：Upon returning home, [　　　　].
① he found something strange in the mailbox
② some letters were in the mailbox
③ the engine of his car stopped
④ an airplane was flying through the air

次の英文中の [ ] 内の語句を意味の通るように並べ換えてください。

Point：not が何を否定するのかに注目する。

3：Ichiro missed the session, [not / having / been / his car / repaired] in time.

解　説

解答-1　②　⤷10-07

訳 彼女の心臓は高鳴っており，タエは，まさに彼にプロポーズしようとするところだった。

<M>　　S　　V　　<M>
Her heart beating fast, Tae was about to propose to him.
　Ⓢ　　　Ⓥ　　Ⓜ

先　生　beat は他動詞なら「Ⓞ を叩く」，自動詞なら「鼓動する」という意味です。

ヨウコ　プロポーズするんだもん，どきどきするわね。受動なのに Ⓞ がある③はまずいとして，構造的には①，②，④は成立するよね？

マコト　Ⓢ が Her heart でなく，Tae になる①は「《タエは》心臓を素早く叩きながら」，④は「心臓を素早く叩かれながら」でおかしい！

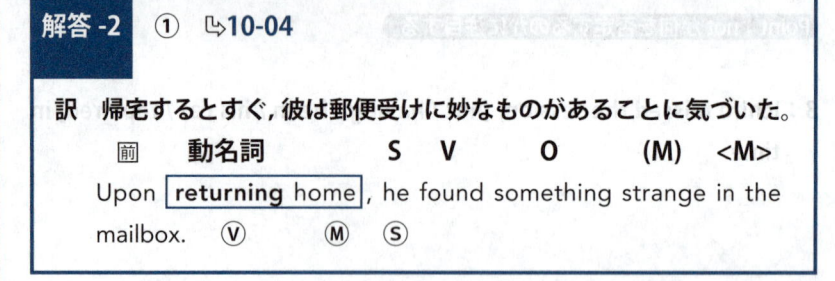

解答-2　①　⤷10-04

訳 帰宅するとすぐ，彼は郵便受けに妙なものがあることに気づいた。

　前　　動名詞　　　S　　V　　O　　(M)　　<M>
Upon returning home, he found something strange in the mailbox.
　　　　　Ⓥ　　　　Ⓜ　　Ⓢ

先　生　returning の前に Ⓢ がないので，後ろの S が returning の Ⓢ の働きも持っていますね。

マコト　はい。②，③，④の主語が「帰宅する」と考えるのはおかしいですよね。「帰宅する」ことができるのは① he だけだ。

解答-3 車の修理が間に合わなかったため，イチローはその会合に出られなかった。

⇨ **10-07, 10-08, 10-09**

S　V　　O　　　　　　　　　　　＜M＞
Ichiro missed the session, his car not **having** been repaired
　　　　　　　　　　　　　　Ⓢ 〈否定〉「より前」　　Ⓥ
in time.
Ⓜ

マコト　後半は「車の修理」の話か。イチローがその会合に出られなかった理由かな。

ヨウコ　会合に出られなかったこと「より前」の出来事なので having ね。not は having の否定でしょう。

マコト　残りは been と repaired があるから，受動と考えればすんなりいくな。repair されるのは「人」ではなく「車」だよね。

SECTION-3

どんなものでも比べます

イヌとネコ，スイカとメロン，
アメリカとフランス…
私たちはいろいろなものを比べます。
でも，英文中で比べられるのは，
このような名詞だけではありません。
英語の世界の醍醐味，比較表現を
心ゆくまでお楽しみくださいね。

Lesson-11

Write the date when you start!
month/day　　　／

not as 〜 as …の意味はなぜ「…ほど〜ではない」になるんですか？──比較表現1

　次の文について考えてみてください。

a：愛することは，愛されることよりも難しい。
b：愛することは，愛されることほど簡単ではない。
c：愛することは，愛されることと同じくらい難しい。
d：愛することは，愛されることと同じくらい簡単である。

　考えてほしいのは，もちろん愛についてではなく，その意味についてです。aとbの文の意味はほとんど同じですね。ここで，比べられている両者の関係を明確にする不等号を用いて文の意味を表すと，

a，b: 愛すること ＞ 愛されること

のようになりますね。
　次に，cとdは，簡単であるにせよ，簡単でないにせよ，

c，d: 愛すること ＝ 愛されること

というように，「同じくらい」を表していると言えます。比較表現は等号・不等号の考え方を取り入れることで，スッキリと関係を見抜けるようになります。日本語の意味で英語の比較表現をとらえようとすると，確実に混乱しますので，不等号を使って本物の比較表現を身につけましょう。

制限時間
5分

以下の英文の意味を考えてください。
Point：比較表現が意味していることに注目する。

1：This tool is as useful as that tool.

2：To love is not as easy as to be loved.

3：This tool is more useful than that tool.

4：To love is less easy than to be loved.

5：Holt can run fastest of all the 100-meter sprinters.

解答欄

1：

2：

3：

4：

5：

11-01 比較表現の基本をおさらいしよう！

先　生　初めに，比較表現の考え方の基本をおさえておきましょう。
ヨウコ　tall-taller-tallest と形が変化するのは印象に残っています。
先　生　そうですね，せっかくなので今出てきた tall を使った英文を見てみましょう。比較表現とひとくくりにしていますが，「同じくらい」を表す［原級］，2つのものの差を表す［比較級］，「一番」を表す［最上級］も含んでいます。

★［原級－比較級－最上級］と変化するのは形容詞か副詞が基本
　　※比較級：-er／more-　　最上級：the -est／the most-
　→まず根本的な文構造［I am tall］をとらえる

［例］　　　　I am tall.
　　　　　　（私は背が高い。）
［原級］　　　I am as tall as Tom.
　　　　　　（私はトムと同じくらい背が高い。）
［比較級］　　I am taller than Tom.
　　　　　　（私はトムより背が高い。）
［最上級］　　I am the tallest in my class.
　　　　　　（私はクラスの中で一番背が高い。）

マコト　基本的な文構造にかざりをつけている感じなんだね。

11-02　not as 〜 as …は「同じではない」を表す！

問題
1：This tool is as useful as that tool.
2：To love is not as easy as to be loved.

先　生　基本的な部分をおさらいしたところで，問題に入りましょう。
ヨウコ　1はわかります。as 〜 as の意味は「同じくらい〜」だから，

この道具はあの道具と同じくらい役に立つ。

　　　ですよね？
先　生　いいですね。では，2はどうでしょう？
マコト　as 〜 as は「同じくらい〜」の部分は一緒なんだから，

愛することは，愛されることと同じくらい簡単ではない。

　　　でしょう。
先　生　やはりそうきましたか…残念ながら，これでは正解とは言えないんです。ここが間違いやすいポイントなんですよ。
ヨウコ　でも，easy を否定しているので，こういう意味で間違いないように思いますが…。
先　生　なるほど。二人のように誤解をする人が多いので，2のような not as 〜 as …という表現は，よく「…ほど〜ではない」という意味だと丸暗記させられるんですよ。
マコト　でも，丸暗記じゃあ「…と同じくらい〜ではない」とならない理由が納得いかないな。

先　生　では，適切な日本語訳を考える前に，まず英文の形からわかることにこだわってみませんか？

マコト　出た！　いつもの形からのアプローチ！

先　生　比較表現を考えるコツがこちら。

比較表現は等号，不等号（<，>，=）でとらえる！

ヨウコ　なんだか数学みたい…。

先　生　最初は慣れないと思いますが，先ほどのような誤解とはおさらばできますよ。問題演習を通して確実に身につけられますので，安心してください。では，まずは as～as から。as は次のようにとらえてくださいね。

---
as を見たら「=」！

ヨウコ　この「=」の意味から，「同じくらい～」と訳すのね。

先　生　はい，1で確認していきましょう。次のように英文を見てみてください。共通要素となる is や useful より比較対象となる2つの tool に目を向けてくださいね。

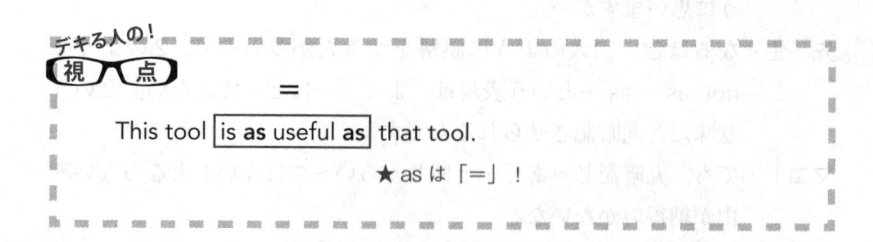

デキる人の！
視点

　　　　　　　　　=
This tool is as useful as that tool.
　　　　　　★as は「=」！

マコト　This tool と that tool を比べて，役に立つ度合が「＝」，つまり「同じ」だと言っているんですね。

先　生　はい。この as～as の形を否定したものが，2の文ですよね。not は何を否定しているんでしょうか？

ヨウコ　あ，「＝」を否定しているのでは…？

先　生　その通りです。easy という単語だけではありませんよね。

比較表現を否定する　⇒　as や than を否定する

デキる人の！視点

✕ ⇒ ≠

To love is not as easy as to be loved.

★「＝（イコール）」を否定！

マコト　**not as～as… というのは，2つのものが「同じではない」ということを示しているということか！**

ヨウコ　as を見たら常に「同じくらい」と考えればいいって思いこんでいたけど，否定すると「同じではない」ってことですね。

先　生　はい，そうなんです。もう少し掘り下げてみましょう。「同じではない」ということを言い換えると？

マコト　「違う」だよな。「≠」ってことは「差がついている」とも考えられるのかな。

ヨウコ　ということは，**両者の関係は「≠」なんだから，「＜」か「＞」ってことになりますね！**

先　生　基本的に「＜」です。結局，not as～as… は，～の程度の否定なんです。

> **デキる人の! 視点**
>
> ≠ ⇒ <
> To love is not as easy as to be loved.
>
> ★「同じでない」→「差がついている」！

先　生　不等号の使い方，理解できましたか？ ここまでくれば，not as ～ as …が「…ほど～ではない」という意味になるのがわかるでしょう。

ヨウコ　「＜」の関係から，差がついていて，同じじゃないことはわかります。

マコト　不等号を見ればすぐに「…ほど～ではない」という意味になるのも納得できる！ to be loved のほうが簡単だっていうことですね。

先　生　not as ～ as …は，見た目から「同じではない」と言っていると気づくことが，もっとも大切な初めの一歩ですよ。

解答
1：この道具はあの道具と同じくらい役に立つ。
2：愛することは，愛されることほど簡単ではない。

11-03　than は「同じではない」を表す！

問題
3：This tool is more useful than that tool.
4：To love is less easy than to be loved.

マコト　3は簡単ね。比較級〜than …は「…より〜」という意味だから，

　　　　この道具はあの道具よりも役に立つ。

　　　　ですよね？
先　生　バッチリです。thanを不等号でとらえてみましょう。

```
┌─────────────────────────────────────┐
│          than を見たら「>」！        │
└─────────────────────────────────────┘
```

先　生　そして，3を先ほどのように考えてみましょう。

デキる人の！視点

　　　　　　　　　　　＞
　　　This tool |is **more** useful **than**| that tool.

ヨウコ　こうすると，**左のほうが程度の大きいことが視覚的にわかりますね**。
先　生　はい，慣れないうちは英文に等号・不等号を添えてみてくださいね。さて，同じように，4を考えてみてください。lessは知っていますか？ little「まったく（ほとんど）〜ない」の比較級ですよ。
ヨウコ　less は「(〜より) 少ない」ことを表していると考えられますから，不等号は逆になって「＜」を表すと考えればいいのかしら。

デキる人の！視点

　　　　　　　　＞ ⇒ ＜
　　　To love |is less| easy **than**| to be loved.

191

先　生　その理解で問題ありませんよ。ここで2の文をもう一度見てみてください。

To love |is| |not| |as easy as| to be loved.

マコト　あ，4の文と不等号の向きが一緒だ。
先　生　そうなんです。than は「>」で表しますから，「差がある」ということでもありますね。つまり，「同じではない」ということですので，not as 〜 as … でも同じ意味になるのです。
ヨウコ　なるほど。不等号として単純にとらえれば，どのように比べているのかハッキリわかりますね。

解答　3：この道具はあの道具よりも役に立つ。
　　　　4：愛することは，愛されることほど簡単ではない。

11-04 最上級は3者間以上の比較

問題　5：Holt can run the fastest of all the 100-meter sprinters.

ヨウコ　これは最上級ですよね。"-est" がありますし。
先　生　そうですね。最上級について確認したい点があります。1-4までは2者，あるいは2つのものを比較していますが，5は何人の間を比較していますか？
マコト　100メートル走の短距離選手って，世界中に数えきれないほどい

るし，ホルトと合わせて2人なんてことは絶対にありません。
ヨウコ　**少なくとも3人以上ですね。**
先　生　そうですよね。**最上級は必ず「3者間以上で比較する」場合に使います。**その3者間以上のグループを導く代表例が，この文でも使われている前置詞の of です。

デキる人の！視点

Holt can run **the** fast**est** of all the 100-meter sprinters.
　　　　　　「最も」　「〜のうちで」　3者間以上

ヨウコ　今「代表例」とおっしゃいましたけど，前置詞の of 以外もあるんですか？
先　生　ありますよ。次の英文を見てください。

5'：Holt can run **the** fast**est** in the world.
（ホルトは世界で最も速く走ることができる。）

ということで，もう1つの代表例は，前置詞の in です。
マコト　では，この of と in はどのように使いわければいいんでしょう？
ヨウコ　in かな，of かなと感覚的に選びがちです。
先　生　難しくないですよ。次のように**比べる対象とグループを be 動詞でつないでみてください。ポイントは「前後で大体の意味が通じるか」**です。名詞の単数，複数は特に気にせず，見てみてください。

5 ：Holt is the 100-meter sprinter(s).
5'：Holt is the world.

ヨウコ　5は後ろが複数なので，文法的にはおかしいけど，「人」という点で合っているわね。

マコト **be動詞でつないで大体意味が通じる場合がofで，通じない場合がinというわけか。**

先　生　そうです。of all（すべてのうちで）や of three（3人・3つのうちで）と言った例外もありますが，基本的にbe動詞でつながるのは，ofが同じ人・ものを比べる時に使うとわかりますね。inを使う場合は，比べられる人・ものが属する「範囲」を表す語がinの後に来ます。

解答　5：ホルトは，すべての100メートル走の短距離選手のうちで，最も速く走ることができる。

気づきのまとめ

Question：not as ～ as … の意味はなぜ「…ほど～ではない」になるんですか？

Answer　：as ～ as … を not で否定しているからです。比較表現は，「何と何を比べているか」「その関係はどのようなものか」を見抜くことが大切です。英文の見た目からわかることを等号・不等号を使って考えれば，意味が明確にわかりますよ。

すぐに使ってみよう！ ➡ ➡ ➡ ➡

Exercises

Mission! [制限時間5分] 不等号で比較表現をとらえる！

次の英文の空所に入れるのに最も適当な語句を，次の①～④の中から1つ選んでください。

Point：比較表現の基本的な形を意識する。

1： ☐ these four suitcases, this one is the best quality.
　① In　　② At　　③ For　　④ Of

2：Surprisingly, this department store is ☐ crowded on Sundays than on weekdays!
　① little　　② less　　③ so　　④ much

3：That issue is not ☐ urgent as you think.
　① little　　② less　　③ so　　④ much

次の英文中の【　】内の語句を意味の通るように並べ換えてください。

Point：比較対象を明確にする。

4：Steve 【 qualified / is / than anyone / to / more / else 】 lead this company.

＊ be qualified to do …するのに適任である

解 説

解答-1 ④ ▶11-04

訳 この4つのスーツケースの中でしたら，これが一番品質がいいですよ。

Of these four suitcases, this one is **the best** quality.

マコト　最上級の表現。these four suitcases というグループの中で this one が一番品質がいいということだよね。this one = suitcase だから，of だ。

解答-2 ② ▶11-03

訳 驚いちゃうんだけど，このデパートは平日より日曜のほうが混雑しないんだよ！

<

… is **less crowded** on Sundays **than** on weekdays!

ヨウコ　これは後ろの than に注目すれば簡単。比較級だから② less しかないわ。

マコト　前に less があるから than の「>」は逆の「<」になるね。平日のほうが混むってことだ。

解答-3 ③ ↳**11-02**

訳　その問題は君が思っているほど急を要していないんだ。

≠

That issue is not **so** urgent **as** you think.

マコト　後ろの as に注目するんだね。前にも as を…。でも，as がない。
先　生　今回は否定文ですので，最初の as は so でも OK なんです。
ヨウコ　じゃあ，③が正解ね。not so ～ as … の形に慣れておかなきゃ。

解答-4　スティーブは，この会社をリードすることにかけては，他の誰よりも適任だよ。　↳**11-03**

＞

Steve is **more qualified than** anyone else to lead this company.

先　生　まず，else は見たことがありますか？ else は「《あるものを除く》その他の」の意味ですから，anyone else として「《Steveを除く》その他のあらゆる人」になります。anyone（あらゆる人）だと，厳密に言えばその中に Steve が含まれてしまうので，ここでは anyone else となっています。
マコト　なるほど。Steve を除いて，あらゆる人よりも適任なら，Steve は事実上最適ってことだよね。
ヨウコ　Steve と anyone else を比べているから，Steve is more … than anyone else が決まるわ。
マコト　適任さの度合を比べているから，more qualified か。

Lesson-12

Write the date when you start!
month/day　　　　／

… than she used to be ってどう訳せばいいですか？——比較表現2

　前の Lesson に続き，比較表現を扱います。2者，あるいは2つのものを比べることを比較と言いますが，次のペアを比較することをイメージしてみてください。

a：おじいさんとおばあさん
b：おじいさんとお父さん
c：おじいさんとノート
d：おじいさんと幸せ
e：おじいさんと突然

　どこからかおかしくなりましたね。どのあたりでしょうか？　まず，「なぜおかしいと感じるのか」考えてみてください。

　「おじいさんとノート？　幸せ？　突然？　比べるためのとっかかりがないよ。何を基準に比べるの？」

　なんて声が聞こえてきそうですね。このように感じる原因は，両者に共通点を見出しにくいからなんです。まったく共通点のないものは，比較をすることができないのです。この共通点という考え方が，英語の比較表現を理解するためには必要です。この Lesson を通して，「何と何を比べているのか」を正確に見抜く方法を身につけていきましょう。

制限時間
5分

以下の英文の意味を考えてください。
Point：何と何を比較しているのかに注目する。

1： In that area, the population of cattle is much larger than that of children.

2： Erika is far more outgoing than she used to be.
＊outgoing 形 社交的な　used to do 昔…した

3： Emi is more gorgeous than cute.

4： Kazuki is not so young as he looks.

5： The main industry in my hometown is not so much forestry as tourism.　＊forestry 名 林業　tourism 名 観光業

解答欄

1：

2：

3：

4：

5：

12-01 共通点があるから，相違点を比べられる！

> **問題** 1： In that area, the population of cattle is much larger than that of children.

ヨウコ　1は larger の前にある much がよくわかりませんでした。
先　生　much は比較級や最上級の前に置いて，強調「ずっと，はるかに」を表します。
マコト　じゃあ，次のような訳になりますかね。

　　　　あの地域では，牛の数が子どもよりもはるかに多い。

先　生　ちょっと待ってください。than の後ろにある that of が日本語に訳されていませんよ。
マコト　あれっ？　じゃあ，さっきのは間違いかな？
先　生　でも，間違いではないんです。厳密に日本語にすると，

　　　　あの地域では，牛<u>の数</u>が子ども<u>の数</u>よりもはるかに多い。

　　　　となりますが，意味は変わりませんし，むしろ2回目の「の数」がない最初の訳のほうがすっきりとしていますね。日本語としては，ですが。
ヨウコ　**日本語は，英語に比べて，比べるものの共通点を省く傾向にあるってことですか？**
先　生　その傾向が強いようです。一方，英語では，繰り返しを避けるために代用表現がよく登場しますね。この文では the population の代用表現として that が登場していますよ。

マコト　この that of を省略することはないんですか？
先　生　それはありえません。省略すると，the population of cattle「牛の数」と children「子ども《自体》」を比べることになってしまうんです。
ヨウコ　<u>それでは，「数」という共通点がなくなるから比べられないわ。</u>
先　生　その通りです。では，比較表現が複雑になる時ほど意識してほしいことをおさえておきましょう。

比べるものの共通点と相違点を見抜く！
共通点同士，相違点同士は見た目が似ていることに注目。

日本語にする時にも，共通点と相違点を重視してくださいね。ということで，1に戻って，共通点と相違点を見つけましょう。
マコト　共通点は【the population of ＝ that of】ですね。
ヨウコ　相違点は【cattle ⇔ children】の部分です。

デキる人の！視点

… **the population of cattle** is much larger than **that of children**.
　　【共通点】　　【相違点】　　　　　　　　　　　【共通点】【相違点】

先　生　はい，正解です。しっかりと構造を見抜くことができていますよ。ここまで見抜いた上で，先ほどの日本語訳にたどり着けるようになってくださいね。

解答　1：あの地域では，牛の数が子どもよりもはるかに多い。

12-02 相違点が名詞とは限らない！

> 問題　2：Erika is far more outgoing than she used to be.

先　生　これは日本語にするのが苦手とする人が多い英文なんですが，わかりましたか？　まず，確認しておきたいのが，比較級の前にある far。1の much と同じく強調の働きで「ずっと」という意味です。

ヨウコ　見た目からわかることを探ると…共通点は【Erika = she】ですね。相違点は…。

マコト　あ…，相違点は Erika に，そして she に続く動詞【is ⇔ used to be】か。**動詞の形が違う！**

先　生　はい，**比べるものは名詞とは限りませんよ。英文の見た目から「何と何が比べられているのか」を正確に判断することが大切です。**

ヨウコ　なるほど。今回はそこに動詞が来たというわけですね。

先　生　はい。それでは，次に日本語訳を考えてみましょう。

マコト　than の後ろの she は，1の that of と同様に共通点だから無理に日本語にしなくてもよさそう。ただ，used to be を「だった」って訳しても，うまく日本語にならないな。

先　生　もう一息ですよ。is と used to be について，どういう点で動詞の形が違うのでしょう？

ヨウコ　be 動詞であることが共通点で，**時が違う！**

マコト　【is = be 動詞・現在 ⇔ used to be = be 動詞・過去】…つまり，これは【現在 ⇔ 過去】の比較なんだ！

> **デキる人の！視点**
>
> Erika is [far more outgoing than] she used to be.
> 【共通点】【相違点】　　　　　　　　　【共通点】【相違点】
> ★動詞を比べる！

ヨウコ　日本語に訳す時には，共通点は省略して，残った違いをうまく出していけばいいのね。

マコト　「過去より現在のほうがはるかに outgoing」ってことだな。

解答　2：エリカは，昔よりも今のほうがずっと社交的である。

12-03　形容詞だって比べられる！

問題　3：Emi is more gorgeous than cute.

マコト　あれ，これは【Emi ⇔ cute】を相違点と考えるとおかしいな。そもそも，cute って人じゃないから，Emi と比べることさえできないんじゃ…。

ヨウコ　さっきの考え方で見直せばいいんじゃない？ **何も比較するのはいつも名詞というわけじゃないんだもの。**

マコト　than の後ろの cute と比較できるものを，それより前で探せばいいってことか。

先　生　はい，その通りです。前で学んだことを活かす姿勢は素晴らしい！
ヨウコ　えーと，cute は「かわいい」という意味の形容詞だから，どう考えても Emi とは比べられない。となると，同じ形容詞の gorgeous と比べているとしか考えられないわ。

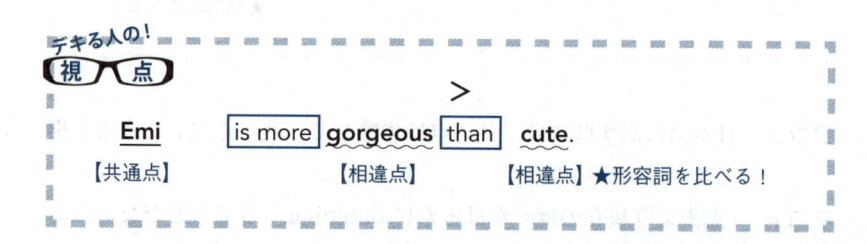

> **デキる人の！視点**
>
> Emi is more gorgeous than cute.
> 【共通点】　　　　【相違点】　　【相違点】★形容詞を比べる！

マコト　エミを説明するなら，「かわいい系ではなくゴージャス系だよ」ってことを言いたいんだな。共通点をおさえた上で，比べられているものを見抜くって大事だな。
先　生　いいですね。**比較表現は，目に見える英語を1語1語逐語訳していては太刀打ちできない代表例なんです。**

解答	3：エミはかわいいというよりもゴージャスである。

12-04　動詞だって比べられる！

問題	4：Kazuki is not so young as he looks.

ヨウコ　not so ～ as … は前の Lesson に出てきた形ね。

マコト　そうだね。今まで通り，何を比較しているか考えていくと…Kazuki と he が共通点で，相違点は【is ⇔ looks】だな。

デキる人の！視点

Kazuki is [not so young as] he looks.
【共通点】【相違点】　　　　【共通点】【相違点】★動詞を比べる！

先　生　いいですね。他にはもう共通点はありませんか？
ヨウコ　確かに。2 も be 動詞という共通点があって，時が【現在⇔過去】という違いがあったわ。
マコト　そうだね。同じ動詞で，時も同じ…。
先　生　本当に同じですか？　まったく同じではないですよね。
マコト　そうか，そもそも look は be 動詞じゃないな。
先　生　はい，is も looks も「後ろに C をとる動詞」という文型の点で共通してるんですね。
ヨウコ　【is・be C「C である」⇔ looks・look C「C のように見える」】というように動詞が違うのね。
先　生　はい，ここで 1 つ質問なのですが，それぞれの動詞の C にあたる語句は何になりますか？
マコト　is の C は young だな。look のほうは…これも young しかありえないのでは…？
先　生　そうなんですよ。その young が省略されていると考えてください。

Kazuki **is** not so **young** as he **looks** (**young**).

is と looks が相違点で，それ以外は共通点と言えるんです。この文は，「Kazuki が young」というところが共通点なんですよね。

ヨウコ	なるほど。正確に共通点と相違点を見抜くことの大切さを改めて感じます。「カズキが若い」と「カズキが若く見える」とを比べているのね。
先　生	そうですね。ルックスと日本語でも言うように，looksのほうは「見た目」のことを表しています。
ヨウコ	「見た目」と比較しているということは，isのほうは「実際」を表していると考えればいいんでしょうか？
先　生	鋭いですよ。その勢いで全文を日本語にしてみましょう。
マコト	「カズキは見た目ほど実際は若くない」ですか？
先　生	バッチリです。
マコト	すごいな。これは逐語訳じゃわかりませんね。1語1語訳していたら，絶対に今の訳にたどりつかない。
ヨウコ	2ではisがused to beとの比較で「今」という意味だもの。**やっぱり共通点や相違点をおさえるルールを徹底するのが大切なのね。**
先　生	これだけしつこくやっていれば，嫌でも身についてくるでしょう。この勢いで5も片付けてしまいましょう。

> **解答**　4：カズキは見た目ほど実際は若くない。

12-05　何でも比べるのが比較

> **問題**　5：The main industry in my hometown is not so much forestry as tourism.

マコト　まず，大枠として not so ~ as … が見えるな。~の部分に much がきているよ。

先　生　何かの程度が大きいということですが，それを見抜くためにも，ここでもまた共通点と相違点を見つけてみてください。

マコト　as の前後を見ると，特に同じ語句は見当たらないので，主語の The main industry in my hometown が共通点だろう。だから，forestry と tourism が相違点でしょう。

ヨウコ　as ~ as … の否定で「同じではない」ということですから、forestry ＜ tourism という関係が見えるわ。

マコト　えーと，つまり，この人の故郷の経済は，林業よりも観光業のほうに依存しているってことだ。

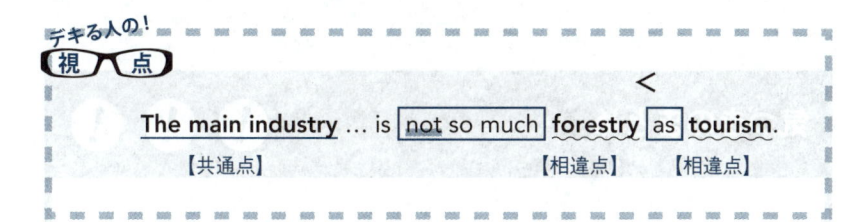

デキる人の！視点

The main industry … is not so much forestry as tourism.
　【共通点】　　　　　　　　【相違点】　【相違点】
　　　　　　　　　　　　　　　＜

先　生　完璧です。not so much ~ as … は「~というよりも…」という意味で丸暗記させられますが，今まで通り学んだことを徹底できれば，暗記する必要はありません。

マコト　丸暗記する必要がなくなるなんて嬉しい！

先　生　無理して覚えさせられるものほどキツイものはないですからね。さて，話を 5 に戻して，次の 5′ の文が，同じ内容を表しているのがわかりますか？

　　5′：The main industry in my hometown is tourism rather than forestry.

ヨウコ　はい！　いつもの手順でやれば簡単です。

5′：**The main industry** … is **tourism** rather than **forestry**.

先　生　rather は than と一緒に使う語句で「むしろ，かえって」という意味です。B rather than A「A というよりもむしろ B」は覚えておいてください。

> **解答**　5：私の故郷の主要産業は，林業よりもむしろ観光業である。

気づきのまとめ ❗❗❗

Question：… than she used to be ってどう訳せばいいですか？

Answer：共通点と相違点を見抜いて，意識して相違点を訳しましょう。共通点は"be動詞（〜である）"で，相違点は"時（昔…した）"ですので，「昔の彼女より」となります。

すぐに使ってみよう！ ➡ ➡ ➡

Exercises

Mission! [制限時間5分] 共通点と相違点を見抜く！

次の英文の空所に入れるのに最も適当な語句を，次の①～④の中から1つ選んでください。

Point：比較級の強調表現を思い出す。／比べられているものを正確に見つける。

1：The ABC Hotel is [____] the most gorgeous hotel I've ever stayed at.
① much　② so　③ as　④ well

2：At the interview, the golfer said, "I feel more lucky than [____] to be able to play in this tournament this year."
① Ben　② Jack　③ happy　④ Greg

次の英文の意味を考えてください。

Point：品詞にとらわれず，相違点をとらえる。

3：Tomomi was trying to be cooler than she really was.

4：The stew wasn't so bad as Brandon had expected it to be.
  * expect O to do　Oが〜するのを期待する

解 説

解答-1　①　⤷12-01

訳　ABC ホテルは，私がこれまで宿泊した中で群を抜いて最高に豪華なホテルである。

The ABC Hotel is **much** the most gorgeous hotel I've ever stayed at.

マコト　空所の後ろに the most gorgeous という最上級がありますから，その強調ができるのは選択肢の中で much だ。

先　生　同じ強調として，by far や very も使えます。very の場合は，語順が the very most gorgeous となりますので注意しましょう。

解答-2　③　⤷12-03

訳　会見でそのゴルファーは，「今年このトーナメントでプレーするのに際し，私は幸せというよりも，運の強さを感じますね」と述べた。

S V　　C①　　　　C②
I feel more lucky than happy to be able to play ... .

マコト　「私と比べる相手は Ben でも Jack でも Greg でも誰でもいいじゃないか？」って思ったけど…。

先　生　lucky の比較級って何でしたか？

ヨウコ　あ，luckier のはずなのに more がついてる！

マコト　ということは，幸運の度合を比べてるんじゃなくて，私の気持ちを説明する C としての適切さを lucky と空所で比べてるんだよ。

ヨウコ　そうなると，形容詞の lucky と比べられる③の happy だわ。

解答 -3　トモミは実際よりも冷静になろうと努めた。⇨12-04

> Tomomi was trying to be cooler than she really was.

ヨウコ　than の前後の共通点は，Tomomi, she と動詞が be 動詞なこと。
マコト　違いは try to do「…しようとする」と really was「実際」だね。

解答 -4　そのシチューはブランドンが予想していたほどまずくはなかった。⇨12-05

< The stew was n't so bad as Brandon had expected it to be.

マコト　as の前後の共通点は，The stew と it だね。
先　生　as 以降が難しいと思いますが，Brandon had expected は「予想していた」という語句が挿入されていると考え，it to be の部分に目を向けてください。動詞は be C「Cである」という共通点を見つけることができます。be の後に何もないのは，前に出てきた bad が省略されているからですね。
ヨウコ　相違点としては，Brandon had expected it to be の部分でしょう。「ブランドンの予想したシチューの味」を表しているってことね。
マコト　not so bad as だから，実際は，味は悪くはなかったってことだ。

Lesson-13

Write the date when you start!
month/day　　　／

not more than と no more than は意味が違うんですか？——比較表現3

　想像してください。ペットボトルの水を数本買いに立ち寄ったスーパーで，次のことを店主に言われました。

If you buy more than five now, you can now get a 30% discount.

　嬉しいですよね。値引きしてくれると言うんですから。では，ここで，レジに何本持っていけば割引になりますか？

　この質問をすると，more than ～を「～以上」という意味で覚えている人は，「5本」と答えてしまうかもしれません。もし5本のペットボトルをレジに持って行くと，その店主は怪訝な顔をして，定価×5の合計額をあなたに請求するでしょう。割引してもらうには，6本買わなければならないのです。

　ここで，than の根本的な意味をもう一度思い出してください。

　今扱った more than ～の延長線上に，この Lesson で扱う，not more than ～や no more than ～といった表現があります。熟語として覚えることの多い表現ですが，割引のチャンスを逃さないためにも（？）than の根本的な意味を確認しましょう。

制限時間
5分

以下の英文の意味を考えてください。
Point：than の基本の意味を強く意識する。

1：おすすめのカフェを友人に紹介する
I come to this cafe more than twice a week.

2：機内持ち込みの注意書
You can take not more than one bag on the plane.

3：宿題の量が多すぎる，と文句を言う学生に先生が一言
It's no more than 150 pages. Is there any problem?

4：父親とケンカをして，息子が父親に一言
Dad, I am no more a child than you are!

解答欄

1：

2：

3：

4：

13-01 than 〜 はあくまで「>」「≠」

問題 1：I come to this cafe more than twice a week.

マコト　than をいつも通り「>」でとらえると…。

デキる人の！視点

　　　　　　　　　　　　>　　2回
I come to this cafe more than twice a week.

ヨウコ　more は many と much の比較級だから，「週に2回より多く」だわ。

先　生　そうですね。ただ，日本語では「より多く」「より少なく」とはあまり言いませんね。要は何回以上ですか？

マコト　「週に3回以上」。**than が表す「>」は，後ろの数値を含まないことに気をつけなきゃ。「≠」の意味も入ってるからね。**

先　生　日本語の習慣に引きずられて，more than 〜 を「〜以上」，less than 〜 を「〜以下」と早合点する人が多いので，特に注意が必要ですね。お店での注文の時など「〜の数値が含まれるのか含まれないのか」が重要な場合にはなおさらですよね。

解答 1：私はこのカフェに週に3回以上来るんです。

13-02　not more than 〜は「≦」

問題　2：You can take not more than one bag on the plane.

マコト　これは1の応用だから，more than one bag で「1つより多く」。ん？ その前の not は…。

ヨウコ　not だから後ろの内容を否定するのよね。「1つより多く」を否定するとなると…。

先　生　では，下の図で考えてみてはどうですか？

　　　　⋮
　　　　2つ　　＝1つより多く←ココを否定する
　　　　1つ

マコト　あ，「1つ以下」だ！

デキる人の！視点

　　　　　　　　　　≦　　1つ
You can take not more than one bag on the plane.

ヨウコ　more than a bag を not で否定すると，「1つ以下」となるね。

先　生　言葉だけだと理解しづらい時には，図にしてみるといいですよ。

解答　2：機内に持ち込めるバッグは1つまでです。

13-03 no 比較級 than 〜 は「＝」

問題 3：It's no more than 150 pages. Is there any problem?

ヨウコ　not more than はわかるけど…，not と no ってどう違うんですか？
先　生　大事なポイントなので，ここで違いを理解しておきましょう。

---
not A　「Aではない」　：内容の否定
no A　「Aはない」　：存在の否定＝ゼロ

先　生　not water と no water の違いを考えるとわかりやすいですよ。
マコト　not water は「水ではない」。何か液体があって，「それは水とは違う」と否定するんだな。
ヨウコ　no water は「水がない」。全然違いますね。
先　生　しっかり理解できましたね。3に戻る前に，見てもらいたい英文があります。次の文はどういう意味ですか？

Bob is 10 years older than Sam.

ヨウコ 「ボブはサムよりも 10 歳年上だ」みたいな意味でしょうか？
先　生 その通りです。**比較表現で，具体的にどれだけの差があるのかを言う場合，その差を比較級の前に置きます。**

　　　　　　　差　　　＞
Bob is 【10 years】 older than Sam.

マコト 「10 年分だけ年をとっている」ということですね。
先　生 「前に置く」を強く意識した上で，もう 1 つ別の英文に移りましょう。

Bob is 0 year older than Sam.

ヨウコ さっきの文と同じ考え方だと，「ボブはサムよりも 0 歳年上だ」ってことですね。
マコト でも，変な意味だ。「0 歳年上」って「同い年」ってことじゃないですか？
先　生 よくそこまでたどり着きましたね。素晴らしい！

　　　　　　　差　　　＞ → ＝
Bob is 【0 year】 older than Sam.

ヨウコ そうよね。差がゼロなんだもん。「ボブはサムと同い年だ」という意味になりますね。
先　生 正解です。ところで，英語で「ゼロ」を示したい時に使う表現は何でしたか？
マコト no！
ヨウコ あっ！ ということは，**"0 year" は "no" に置き換えられる！**

　　　　　　　差　　　＞ → ＝
　　　　　　Bob is 【no】 older than Sam.

先　生　脱線が長くなりましたが，これを体得してほしかったんですよ。

【差を表す語句】＋比較級 than ～

例．【10 years】older than ～　「～より 10 歳年上」
　　　10 歳の差がある
　　【no】older than ～「～と同い年」
　　　差がない＝同じ

　　　　では，話がまとまったところで，3 に戻りましょう。
マコト　比較級の前に "no" があるから，「同じ」，つまり 150 ページを表していることに変わりないな。

デキる人の！
視　点
　　　　　　　　　　　＝
　　　It's 【no】 more than 150 pages. Is there any problem?
　　　　　★差がない＝同じ

ヨウコ　150 ページより上でも下でもない。でも，それならシンプルに It's 150 pages. と言えばいいはず。なぜ no more than とするのですか？
先　生　いいところに目をつけましたね。ここでのポイントはその表現の意味するところです。
マコト　というと…？
先　生　**no more than** でこの先生の気持ちを示しているわけです。
ヨウコ　うーん，まだピンときません…。

先　生　つまり，宿題の量は確かに150ページだが，「150ページより多い」ことを否定して，150ページだと言っているわけです。この先生の気持ちを代弁すると，「150ページより多いわけじゃないんだ。単に150ページじゃないか」ということになるわけです。

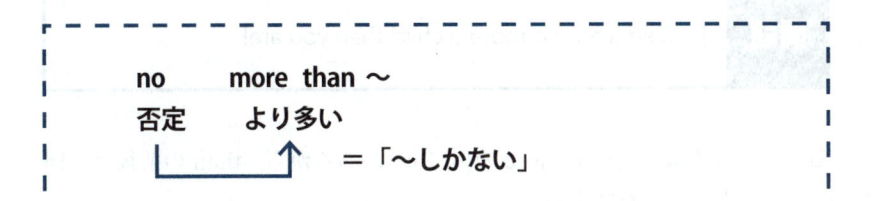

```
no      more than ～
否定    より多い
              = 「～しかない」
```

マコト　ということは，only 150 pages と言っているのと同じことですか？
先　生　よくわかりましたね。**no more than を使って「～しかない」という意味を強調したかったんですね。**
ヨウコ　でも，生徒からしたら，150ページは「～しかない」ではなくて「そんなにも」という感じかもしれませんが…。
先　生　それなら，150ページより少ない部分を否定して，「150ページもあるんですか！」と表現すればいいんですよ。今までのものを応用させて表現が思いつきますか？
マコト　あっ，わかった。It's no less than 150 pages! ですか？
先　生　完璧です。

```
no      less than ～
否定    より少ない
              = 「～（ほど）も（多く）」
```

解答　3：たったの150ページじゃないですか。何か問題でも？

13-04 as や than の前には「言いたいこと」，後ろには「わかっていること」が来る

問題 4：Dad, I am no more a child than you are!

ヨウコ　まずは，比較級 more の前に no があるから，than の前後は「同じ」って意味よね。

マコト　そうだね。つまり，息子である自分 I と，父親 you は「同じ」だって言いたいんだ。

> **デキる人の！視点**
>
> 　　　　　　　　　　＝
> Dad, I am 【no】 more a child than you are!
> 　　　　　★差がない＝同じ

先　生　はい。それで，何が「同じ」かと言うと，no more a child ということが，自分も父親も同じだと言いたいんですよ。次のように，省略されている部分を明示すると，わかりやすくなるでしょう。

　　　　　　　　　　　　＝
　　I am 【no】 more a child than
　　you are（no　more a child）.

マコト　no more ～は後ろの語句を否定するよね。no 自体は否定語だし。「～ではない」という意味だから，no more a child は「子どもじゃない」ってことか。

ヨウコ　でも，「自分は子どもじゃない」ことだけを言いたいなら，I am

not a child. でもいいわけよね。なんで，比較表現を使うのかしら？

マコト　そうだね。自分と同じように，父親も「子どもじゃない」って言ってるけど，父親はとっくに子ども時代を終えているんだから，そんなの当たり前じゃないか。

先　生　そうですね。話し手と聞き手にとって当たり前のことが必要になるんです。ここで比較表現の最後のポイントをおさえておきましょう。

| 話し手・書き手が
わかってほしいこと | as
than | 聞き手・読み手が
わかっていること |

例えば，Sam is as tall as Bob. と言った時に，話の聞き手がBob の身長を知らないと，話が成立しませんね。

マコト　なるほど。Bob の身長がわかってこそ，聞き手・読み手は未知の Sam の身長を思い浮かべられるんだわ。

先　生　そうです。as や than の前には，その後ろとは対照的に，相手に言いたいこと，わかってほしいことが来るんです。

| 解答 | 4：父さん，僕は，あんた同様，子どもじゃないよ。

気づきのまとめ

Question：not more than 〜と no more than 〜は意味が違うんですか？

Answer：違います。notがmore than〜を否定して,「〜以下」を表します。no more than〜は「差はない」ことを表すのですが,「多いとは思わない」という気持ちも表すので,「たったの〜」という意味になります。

すぐに使ってみよう！

Exercises

Mission! [制限時間6分] 　不等号の使い方を徹底する！

次の英文の意味を考えてください。
Point：比較表現に不等号の印をつけ，視覚的に見抜く。

1： Less than three people are present, so this workshop will be cancelled.

2： If you break this regulation, a fine of not less than five hundred dollars will be imposed.
 * regulation 图 規則　　fine 图 罰金　　impose 動 〜を課す

3： The old lady owns no less than three paintings by Van Gogh.
 * own 動 〜を所有する

4： You are no less an adult than we are.

解 説

解答-1 出席者が2名以下なので，この研修会は中止になります。 ↳13-01

>   ＜   3人
> Less than three people are present, so this workshop will be cancelled.

ヨウコ 「3人より少ない」ってことは，「2人以下」ってことよね。
先 生 言い換えれば，「3人」いれば実施されるということです。

解答-2 この規則を破ると，500ドル以上の罰金が科せられます。 ↳13-02

>   ≧   500ドル
> If you break this regulation, a fine of not less than five hundred dollars will be imposed.

マコト not less than で「≧」を表すからね。500ドル以上だ。
ヨウコ これを雰囲気で読んで「500ドル以下」と理解したら悲劇よ。

| 解答 -3 | その老婦人はヴァン・ゴッホの絵画を3点も所有している。↳13-03 |

$$= \quad 3点$$
The old lady owns 【no】 less than three paintings by Van Gogh.

ヨウコ　no 比較級 than で「＝」だから，この老婦人のゴッホの絵画所有点数は間違いなく3だわ。
マコト　no less とあるから，less の気持ちが打ち消されて，「3点も」という意味を表しているんだな。

| 解答 -4 | あなたは私たちのように大人なんだ。↳13-03 |

$$=$$
You are 【no】 less an adult than we are.

マコト　ここでも no 比較級 than で「＝」だね。
先　生　be 動詞 are という共通点があり，相違点は You と we ですね。ここで使われている less は more とは逆の意味だとわかれば，no more ～ than …と意味を反対にして考えることができますね。
マコト　「同じ」を表すんだけど，否定を表す no と並ぶことで肯定の意味になるのか。
ヨウコ　すでに大人である we と同様，You は大人であるとこの文章は言いたいわけね。

SECTION-4

文が接続詞とともに脇役になります

英文は接続詞や関係詞とともに，かたまりを作り，
文中の脇役，つまり一部になることがあります。
英語の世界のクライマックス，楽しく終わりましょう。

Lesson-14

Write the date when you start!
month/day　　／

who・whom・whose ってどう使い分けるんですか？──関係詞1

a：誰が最後のプレゼンを行いますか？
b：昨晩，誰と一緒にいましたか？

　これらの文を英語にできますか？　**a** は単語さえわかれば，比較的に英語にしやすいと思います。**b** は簡単そうに見えますが，どのように英語にすればよいかわからなくなる人が多いです。それぞれ次のように表現します。

a：Who is going to make the final presentation?
b：Whom were you with last night?　＊略式では who になることが多い

　同じ「誰」を表す単語でも who と whom を使い分けなくてはならないのです。今回例に挙げた疑問詞の働きと同じく，Lesson 14 で扱う関係詞の働きにおいても，who と whom は使い分ける必要があります。しかし，働きが複数あっても見た目は変わりませんから，使い分ける時に意識することはこのように疑問詞として使う時と同じです。では，who と whom はどう使い分けるのか？　2つの語を使い分ける秘訣は，ここでもやはり，文構造をしっかり見抜くことなのです。

制限時間
6分

次の英文の文構造を考えた上で，意味を考えてください。
Point：who や whom などが作るかたまりとそのかたまり内の文構造に注目する。

1： Mr. Okuyama is the person who has organized the electric car project.

2： Mr. Okuyama is the person whom everyone on the project respects.

3： Mr. Okuyama is the person whom everyone on the project can depend on.　＊depend on ～　～に頼る

4： This is the electric car of which Mr. Okuyama is very proud.　＊proud of ～　～を誇りに

5： Mr. Okuyama is the person whose career everyone admires.

解答欄

1：

2：

3：

4：

5：

14-01 関係詞によってできるかたまりは (M)

ヨウコ　関係詞と聞いて，いい思いをした記憶がありません…。
先　生　多くの学習者が苦戦する部分なんですよ。これから例題を一緒に見ていきますが，関係詞を知る上で最低限おさえてほしいことを次にまとめますね。

> 関係詞（who, whom, that など）によってできるかたまりは，前の名詞 [＝先行詞] を詳しくする

マコト　え？ これだけ？
先　生　もちろんこの後で学んでいきますが，まずはここをおさえてください。細かなことは問題とともに学んでいきましょう。それでは，問題 1 です。

問題　1：Mr. Okuyama is the person who has organized the electric car project.

先　生　さて，文構造を見抜くことはできましたか？ Lesson 5 の内容を思い出しながら，まずは，**who 以降のかたまりの働きを考えてみましょう。**
マコト　Mr. Okuyama is the person で SVC の第 2 文型だ。**これで文が成立しているので，who 以降は (M) ではないですか？**
先　生　その通りです。それが関係詞を理解する上で重要なんです。

> **関係詞が作るかたまりは（M）だととらえる！**

先生　では，この (M) のかたまりは，どの語句を詳しくしますか？

ヨウコ　(M) のかたまりの意味は「この電気自動車プロジェクトをまとめている」なので，ここは直前の the person を詳しくしているのではないですか？

先生　いいですね。ということは，何の品詞の働きをしていると言えますか？

マコト　**名詞 the person を詳しくしているから形容詞！**

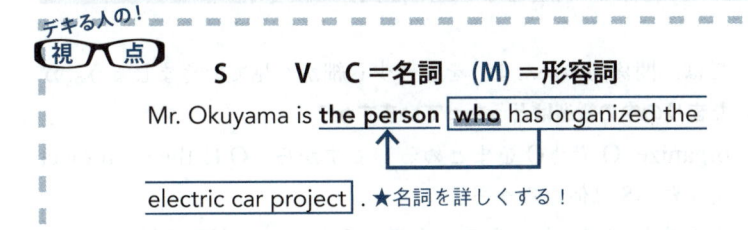

> **デキる人の！視点**
>
> 　　　　　　　S　　V　　C＝名詞　　(M)＝形容詞
> 　　Mr. Okuyama is **the person** **who** has organized the electric car project．★名詞を詳しくする！

先生　バッチリです。では，このかたまりが形容詞であることを意識して，日本語にしてみてください。

ヨウコ　「この電気自動車プロジェクトをまとめる」が「人」を詳しくしているので，次の訳でどうでしょうか？

　　　奥山さんはこの電気自動車プロジェクトをまとめている人です。

先生　完璧な訳ですね。素晴らしい。関係詞が文中に出てくると難しく見えてしまいますが，関係詞のかたまりをあまり特別視しないことが重要です。**大きなかたまりではありますが，あくまで形容詞だと言うことを忘れないでくださいね。**

マコト　なるほど。**関係詞によってできるかたまりだからと言って変に意識せず，(M) になると考えればいいのか！**

> 問題　1：奥山さんはこの電気自動車プロジェクトをまとめている人です。

14-02　関係代名詞は人 or モノの代わりをする！

先　生　では，関係詞のかたまりをもう少し細かく見ていきましょう。**かたまりの中の構造はどうなっていますか？**

ヨウコ　organize O で「O をまとめる」ですから，O は the … project ですね。S は何だろう…？

先　生　かたまり内で，ということを考えると，who が S の働きをしています。

ヨウコ　**関係詞は，かたまり内での働きも考えなくてはいけないんですね！**

先　生　次は，関係詞の使い分けについて見ていきましょう。関係詞はかたまり内で，先行詞の代わりとして働くのですが，who は何の代わりをしていますか？

マコト　それならわかりますよ。前にある名詞 the person の代わりです。

デキる人の！視点

　… the person |who| has organized the electric car project．
　　　　[人]　　S　　　V　　　　　　O

先　生　いいですね。今回の例題からわかる通り，**名詞の代わりをしているから，who は関係代名詞と呼ばれるんですよ。**ということで，次のことを意識して，使い分けてくださいね。

関係代名詞は普通の代名詞と同じように使い分ける！

先　生　**英語で代名詞を使う時，人とモノの区別をします。**例えば，Mr. Okuyama は代名詞でどのように表しますか？

ヨウコ　「人」ですから，「モノ」を指す it ではなく，he ／ his ／ him を使う必要がありますね。

先　生　そういうことです！ では，who と which を区別する基準は何でしょう？

マコト　あっ，**who と which の関係は，he と it の関係と同じですね！**「人」か「モノ」かで区別するんだ。

先　生　よく気づきました。では，who と whom はどうですか？

ヨウコ　**he は S の位置で，him は O の位置に置かれるから，who が S で，whom が O になるということね！**

マコト　**it は S でも O でも形は変わらないから，S でも O でも「モノ」を指すなら which を使うってことだ。**

先　生　素晴らしいですね。関係詞を使い分ける上で重要なポイントは次の2つと言えるでしょう。

1．関係詞が「人 or モノ」のどちらを受けているか
2．関係詞のかたまり内で，関係詞が文構造上どのような働きをしているか

先　生　この2点を踏まえて，関係代名詞を一覧表にすると次のようになります。この後に出てくる that や whose も一緒におさえておきましょう。

関係代名詞	who	whom	which	that	whose
人 or モノ？ かたまり内の働き	[人] S	[人] O	[モノ] S／O	[人・モノ] S／O／C	[人・モノ] (M)
参考にする代名詞	he	him	it	he／him／it	his／its

- どの関係代名詞も先行詞が必要
- かたまりの中で O になる関係詞は省略 OK

14-03　関係詞を置く場所はいつも同じ

問題　2：Mr. Okuyama is the person whom everyone on the project respects.

マコト　2の構造は楽に理解できました。respect O で「O を尊敬する」ですから，whom はその O の役割をしています。

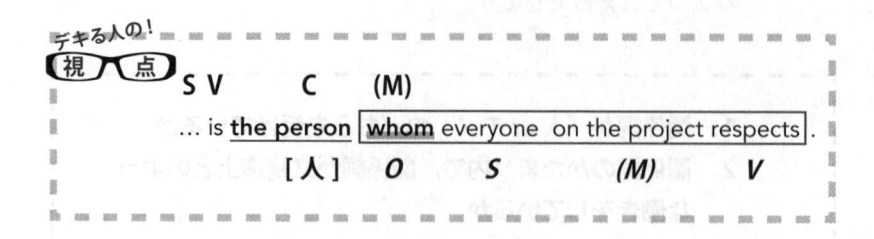

デキる人の！
視点

```
     S V       C      (M)
... is the person whom everyone on the project respects .
              [人]    O    S        (M)         V
```

ヨウコ　関係詞のかたまり「そのプロジェクトのメンバー全員が尊敬している」が名詞「人」を詳しくしているんですよね。

先　生　バッチリ理解していますね。ここで 1 つ注意点を挙げておきましょう。

関係詞は関係詞のかたまりの先頭に来る！

先　生　疑問詞と同じですね。関係詞も同様に，かたまりの先頭に置くのがルールですので，次のような語順はありえません。

… **the person** everyone on the project respects **whom** （×）

| 解答 | 2：奥山さんは，そのプロジェクトのメンバー全員が尊敬している人物です。 |

14-04　前置詞＋関係代名詞の語順は OK ！

| 問題 | 3：Mr. Okuyama is the person whom everyone on the project can depend on.
4：This is the electric car of which Mr. Okuyama is very proud. |

先　生　混乱する人が多いんですが，3 の文はどうでしたか？
ヨウコ　えっと，the person whom までは 2 と同じですよね。
マコト　「そのプロジェクトのメンバー全員が頼っている」が「人」を詳しくしている。

> **デキる人の！視点**
>
> ```
>          S V   C      (M)
> ... is the person whom everyone ... can depend on.
>                  [人]   O     S      (M)      V
> ```

先　生　can depend on をセットで見るならこれでOKですよ。ただ，前置詞があればセットで出てくるものがありますよね？

マコト　前置詞と…その後には名詞が続くはず。でも，その名詞がない！

ヨウコ　確かに。ただ，今回は，**前置詞とセットになる名詞が，前にある whom ってことですよね？**

先　生　そうです。そこで他動詞が必要とする名詞を目的語（O）と考えるのと同様に，前置詞がセットで必要とする名詞も，目的語（O）と考えてみてください。区別するために前Oと表します。

```
... the person whom everyone ... can depend on.
     [人]    前O    S    (M)       V    前
```

先　生　そうなんです。with him や from it など普通の代名詞と同様，**前置詞と関係詞はセットで使われることを意識しておきましょう。**そして，この見方がわかると，4がスッキリ見えるようになります。

ヨウコ　これは前置詞が関係詞の前に置かれていますね。

先　生　そうなんです。前と関係代名詞がくっつくこの形に違和感を持たないようにしてくださいね。

前置詞を関係代名詞の前に置くことができる！
→ 前 + 前O としてとらえる

デキる人の！視点

```
         S  V    C              (M)
This is the electric car of which Mr. Okuyama is very proud.
         [モノ]          前 前O   S         V    C
```

マコト　前置詞の位置によって，意味は変わるんですか？

先　生　意味は変わりません。3の文で言えば，文末の on を whom の前に持ってきても同じ意味になりますからね。しかし，関係詞の前に前置詞を置く時には注意点があります。

- 前置詞の直後に，関係代名詞 that を置くことができない
- 前置詞＋関係代名詞は省略できない

解答
3：奥山さんはそのプロジェクトのメンバー全員が頼っている人物です。
4：これは奥山さんがとても誇りに感じている電気自動車です。

14-05　whose は名詞とセットになる形容詞の働き

問題
5：Mr. Okuyama is the person whose career everyone admires.

先　生　最後に，whose の使い方です。構造は把握できましたか？
マコト　whose のかたまり内の文構造は，everyone admires で SV。
ヨウコ　admire O「O を称賛する」ですから，O が必要ですね。O となる名詞の career が前にあるから，**whose は（M）として機能しているのでは？**

デキる人の！視点

```
              S    V      C         (M)
   Mr. Okuyama is the person  whose career everyone admires .
                   [人]      (M)    O        S        V
```

先　生　はい，その通りです。whose はかたまり内で his／her／its と同じ働きをします。whose は「人」だけでなく「モノ」を受けて使うこともできることを覚えておいてくださいね。

解答　5：奥山さんは皆が称賛するキャリアを持つ人物です。

気づきのまとめ ❗❗❗

Question：who・whom・whose ってどう使い分けるんですか？
Answer　：同じ代名詞である he・him・his と同じように使い分けます。関係詞によってできるかたまり内の文構造と組み合わせて考えましょう。

すぐに使ってみよう！ ➡ ➡ ➡

Exercises

Mission! [制限時間5分] 関係詞が指すものを見抜く！

次の英文の空所に入れるのに最も適当な語句を，次の ①〜④ の中から1つ選んでください。

Point：関係詞 が作るかたまりとそのかたまり内の文構造に注目する。

1：Jesse bought a cream puff at the cake shop _____ Rebecca is working at.
① which   ② whose   ③ in which   ④ with which

2：Today's topic is the last month's election _____ results attracted a lot of interest.
① that   ② which   ③ who   ④ whose
  ＊ election 图 選挙　　attract 動 〜を引きつける

3：This is the reality of the company _____ we are working.
① that   ② whom   ③ for which   ④ from which

4：You can see _____ 20 years ago.
① Mr. Tanner designed some condominiums
② some condominiums Mr. Tanner designed
③ Mr. Tanner some condominiums designed
④ some condominiums designed Mr. Tanner
  ＊ condominium 图 コンドミニアム（賃貸型のリゾートマンション）

解説

解答 -1 ① ↳14-01, 14-02, 14-03

訳 ジェシーは，レベッカが働いているケーキショップで，シュークリームを買った。

... the cake shop |which| Rebecca is working at .
　　　[モノ]　　前O　　S　　　V　　前

マコト　空所は，空所の前にあるモノ（the cake shop）を受けて，前置詞 at とセットになる 前O にあたる語が入るよ。

ヨウコ　これは O の働きを持つ which になりますね。

解答 -2 ④ ↳14-05

訳 今日のトピックは，その結果に多くの関心が集まった，先月の選挙です。

... the ... election |whose| results attracted a lot of interest .
　　　[モノ]　　(M)　　S　　　V　　(M)　　O

ヨウコ　空所以降の構造を考えると，動詞は attract O「O を引きつける」で，SVO が成立しているから空所は (M) ね。

マコト　だから，正解は whose だ。他の語は (M) にはなりえないな。

解答 -3   ③   ↳14-04

訳 これが私たちが働く会社の現実なのです。

… the company |for which| we are working.
  [モノ] 副 副 O S V

マコト 空所以降の構造を考えるとSVが成立しているから，空所は<M>だよ。ということで，候補は③か④。

ヨウコ 構造で考えられるのはそこまでだから，あとはwe are workingの後ろにthe companyが来ると考えると，意味が通じる③が正解ね。work for ～で「～に勤める」の意味ですね。

解答 -4   ②   ↳14-02

訳 20年前にタナーさんがデザインしたコンドミニアムがあるよ。

… some condominiums (which) Mr. Tanner designed …
  [モノ] O S V <M>

マコト ①と④は空所に入れても英文が成立しない。

ヨウコ ②と③は文構造が同じですが，③だと，「20年前にコンドミニアムがデザインしたタナーさんを見ることができる」となっちゃうわ。タナーさんは建物じゃない。

先 生 ということで，正解は②ですね。動詞はdesign O「Oをデザインする」で，Oが欠けているとわかりますね。先行詞のsome condominiumsの後ろにdesignのOになる関係詞whichが省略されていると考えることがポイントです。

241

Lesson-15

Write the date when you start!
month/day　　／

場所を表す語句の後は where ではないのですか？──関係詞2

　次の2つのやり取りを見てください。日常でも見られそうなものですね。

Q1：「あの展示会の担当，誰だっけ？」
A1：「芳賀さんだよ。」

Q2：「週末，どこに行ったの？」
A2：「お台場に行ったんだよね。」

　ここで，この問いと答えの中で，意味的に対応している語句に目を向けてみましょう。【誰】は【芳賀さん】と，【どこ】は【お台場】と対応しています。ここから，【誰】も【どこ】も名詞として扱われていることがわかりますね。

　では，同じことを英語で考えた場合，【who】も【where】も名詞なのでしょうか？ そもそも，【who】や【where】の品詞を意識したことはありますか？ 品詞を意識するだけで，さまざまな場面で使われる【who】も【where】もパッと働きが見抜けるようになりますよ。

制限時間
6分

次の英文の意味を考えてください。

Point：wh- ／ how の働きに注意して，全体の文構造を考える。

1：This is the hotel at which Michael stayed.

2：This is the hotel where Michael stayed.

3：June 20th is the day when Michael was born.

4：June 20th is the day which Michael fans will never forget.

5：This is what Michael said about the issue.

6：This is how Michael became famous.

解答欄

1：

2：

3：

4：

5：

6：

15-01 where は副詞 <M>

先　生　今回ポイントとして取り上げたい where をしっかり理解しておきましょう。where を辞書で引いてみましょうか。

マコト　バカにしないでくださいよ。意味が「どこ」っていうことくらい知っていますよ。

先　生　**注目してほしいのは「意味」ではなく「品詞」です。**

ヨウコ　えっ，where の品詞って疑問詞じゃないんですか？

マコト　あ…。圖（副詞）って書いてあります。

先　生　そうなんです。疑問詞というのは一機能を意識したあくまで総称で，where を始め，who や when なども含みます。ですので，**where 自体は副詞だと意識してほしいんですよ。**それを次の問いと答えのやり取りを見て確認しておきましょう。問いと答えは表現が対応していることに注意して，対応箇所が一目でわかるよう記しました。

```
         <M>       S      V
Q : Where did Michael stay?
```
（マイケルってどこに泊まったの？）

```
         S      V     <M>
A : Michael stayed at this hotel.
```
（マイケルは，このホテルに泊まったんだよ。）

ヨウコ　where は at this hotel と対応してますね。

先　生　はい，共に「場所」を表す語句ですね。では，at this hotel は何の品詞の働きをしていますか？

マコト　動詞 stayed を詳しくしているので副詞だ。

ヨウコ　ということは、**対応している where も動詞 stayed を詳しくする副詞ですね！**

先　生　正解です。答えの文と疑問詞との対応語句を見抜けば、はっきりとわかりますね。だから、**where には関係副詞と呼ばれる使い方がある**んですよ。

---

where は副詞 <M> として働く！

先　生　それでは、関係副詞と深く関係している 1 から見てみましょう。

問題
1：This is the hotel at which Michael stayed.
2：This is the hotel where Michael stayed.

マコト　1 は Lesson 14 で出てきた形だ。前置詞＋関係代名詞の語順のパターン。どんな「ホテル」なのか後ろで詳しくしているんだ。

先　生　身についていますね。この which は何の代わりをしていますか？

ヨウコ　the hotel ですよ。at which ですから、要は at the hotel ですね。

先　生　はい、いいですね。では、この at which はかたまりの中で、文の要素として、どういう働きをしているでしょう？

マコト　**at which って 副＋前 O のセットで、合わせて <M> と見ることができるね。**

先　生　その at which は <M> として何を詳しくしていますか？

ヨウコ　「そのホテルに」泊まったんだから、stayed です。**動詞を詳しくしているから、副詞の働きです！**

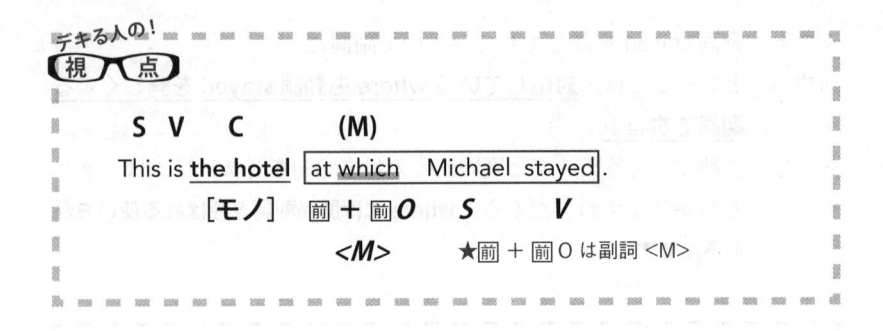

デキる人の! 視点

```
         S   V   C         (M)
     This is the hotel at which  Michael stayed .
         [モノ]   前＋前O   S      V
                 <M>    ★前＋前O は副詞 <M>
```

先　生　いいですね。もう少しでゴールですよ！ at which は at the hotel のことですよね。これを1語で言いかえられませんか？
ヨウコ　**最初に学んだ where！**
先　生　正解！ at which = at the hotel = where ですので，1の文は2の文と同じ意味ということです。

デキる人の! 視点

```
         S   V   C         (M)
     This is the hotel where Michael stayed .
         [モノ]   <M>    S     V
              ★ where は副詞 <M>
```

マコト　なるほど，at which と where は働きが同じなのか。
ヨウコ　語単体では〈M〉として働くし，それぞれ at which の後，where の後で (M) のかたまりを作っていますし。
先　生　そうですね。where でも基本に忠実に特別視しない。これが大切なポイントですね。

解答	1：ここがマイケルが泊まったホテルなんだよ。 2：ここがマイケルが泊まったホテルなんだよ。

15-02　関係詞の使い分けはあくまで文構造が決める！

> **問題**
> 3：June 20th is the day when Michael was born.
> 4：June 20th is the day which Michael fans will never forget.

先　生　3の文に出てくる when は，where 同様，辞書上も最初に副詞と出てきます。

- -
when は副詞 <M> として働く！
- -

先　生　つまり，where と同じように考えることができるということです。となると，3の文の構造も見えるのではないでしょうか。
マコト　はい，次のような感じでどうでしょう。

デキる人の！視点

```
         S    V     C       (M)
June 20th is the day │when Michael was born│.
              [モノ]  <M>     S      V
```

ヨウコ　「6月20日はマイケルが生まれた日」という意味ですね。
先　生　正解です。ここで1つ注意してもらいたいことがあります。「the day は『日』の意味で，何となく『時』を表すから，後に

続く関係詞は when」と考える人がいますが，この考え方は間違いです。4の文を見ると，それがわかりますよ。

マコト　June 20th is the day までは同じなのに，使われている関係詞は when ではなく which だ。

先　生　そうです。ここで，関係詞を使うにあたって大事なルールを確認しておきましょう。

```
関係詞の使い分けは，関係詞を含むかたまり内の文構造で決まる！
```

マコト　やっぱり文構造！

先　生　**文構造を決める動詞の使い方が大事と言えますね。**

ヨウコ　関係詞の後の形が重要なのね。4の文なら forget O で「O を忘れる」という意味だから，O がないと英文が成立しないもの。

マコト　Michael fans will never forget the day だもんね。その the day が which になって，かたまりの先頭にいくわけだ。O だから名詞だし。

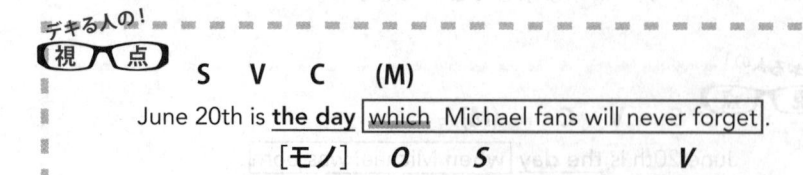

デキる人の！ 視点

```
              S   V   C   (M)
June 20th is the day which Michael fans will never forget.
              [モノ]      O                        S        V
```

解答　3：6月20日はマイケルが生まれた日です。
　　　4：6月20日は，マイケルのファンが決して忘れることのできない日です。

15-03 関係副詞 where, when, why の使い分けは，前にある名詞が決める！

先　生　では，3 の文に空所を作って，「後ろに続く文の形が関係詞を決めている」ことを確認してみましょうか。そこから，関係副詞内での使い分けを考えてもらいたいと思います。

… the day _____ Michael was born.
　　　[モノ]　　<M>　　S　　V

ヨウコ　be born「生まれる」という表現は O を必要としないので，すでに文は成立しています。

マコト　だから，<M> を表す when が入る，と。

ヨウコ　ただ，<M> を表す関係詞は他にもあるということですよね？

先　生　はい，<M> を表す関係詞を使うことがわかったら，その時になって初めて，前にある名詞の意味を考えるんです。一覧表を見てください。

関係詞	where／副 which	when／副 which	why／for which
何の代わり？	場所など	時	reasonのみ
かたまり内の働き	<M>／<M>	<M>／<M>	<M>／<M>

● where・when・why：先行詞 or 関係副詞は省略 OK

マコト　毎回，文の意味を考えて使い分ければいいですか？

先　生　かたまり内の働きはどの関係副詞も <M> ですが，why の前に来る名詞は reason のみと決まっています。次に，when は，前にある名詞の意味が明らかに「時」だと考えられる場合に使われます。3 と 4 の文の day や year，time などですね。

マコト　なるほど。全文の意味を考えるというよりは，前にある名詞の意

　　　　味を考えて使い分けるということですね。
先　生　はい。そして，前に来る名詞の範囲が一番広いのが where だと
　　　　理解しておいてください。
ヨウコ　いろいろな語句が前に来るんですか？
先　生　いろいろと言っても，**「場所など」を表す名詞**が来るという捉え方が
　　　　いいですね。hotel や place など，日本語でも「場所」と考えやす
　　　　い名詞だけではなく，situation（状況）や server（コンピュー
　　　　タのサーバー）など，日本語で意味を考えた場合，スッと「場
　　　　所」とは思えないようなものも，reason や「時」以外はかたま
　　　　りの中で <M> として働くのであれば，where と理解しておきま
　　　　しょう。

15-04　先行詞不要の what と how

問題
5：This is what Michael said about the issue.
6：This is how Michael became famous.

ヨウコ　This is … で SVC ですので，what 以降，how 以降のかたまりは
　　　　C と考えられる…？
先　生　よく見抜けていますよ。what と how の使い方を，意味と一緒に
　　　　確認しておきましょう。

```
what ～（～[の]こと，モノ）
how ～（～[の]方法，様子）
⇒ what や how がつくるかたまりは名詞
　　（＝ S ／ O ／ C）になる！
```

マコト	whatもhowもかたまりが名詞として働くから，be動詞の後に続いて，Cになってるのか。
ヨウコ	**先生，whatやhowは関係詞なのに，前に「人」や「モノ」の名詞がないんですね。**
先　生	いいところに気づきましたね。むしろ，名詞があってはいけないんですよ。**what／how自体が名詞の働きも持っているんです。**
マコト	**先行詞の働きが含まれてるってことか！**
先　生	そうですね。もともとwhatとhowは共に後ろに説明語句を引きつれる，ちょっと変わった語だと思ってください。ただ，何でも続けていいわけではないんですよ。これまで同様，かたまり内の文構造に目を向けてください。かたまり内でのwhatとhowの働きは何ですか？
マコト	5ならsay Oで「Oを言う」だから，Oが足りない。ということで，**whatはOにあたる働きだ。**
ヨウコ	6なら，become Cで「Cになる」だけど，famousがCになるから，**howの働きは〈M〉しか考えられない。**

デキる人の！
(視 点)

　　　S V C (＝名詞のかたまり)
This is what Michael said about the issue.
　　　　O　　 S　　V　　　〈M〉

　　　S V C (＝名詞のかたまり)
This is how Michael became famous.
　　　　〈M〉　S　　V　　C

先　生	バッチリですね。whatはもともと名詞ですので，S／O／Cのどれかになります。howは副詞なので，常に〈M〉になりますね。

関係詞	what	how
かたまり自体の働き	S／O／C	S／O／C
かたまり内の働き	S／O／C	<M>

●先行詞は不要

マコト　なるほど。形はよく見えたから次は訳だ。what 以降は「マイケルがその問題について言ったこと」ですね。

ヨウコ　how 以降は「マイケルが有名になった方法」ですか？

先　生　そうですね。少し不自然ですので，「これが〜の方法」を「このようにして〜」と訳すと自然な日本語になりますね。

解答　5：これが，マイケルがその問題について述べた発言です。
6：このようにして，マイケルは有名になったのです。

気づきのまとめ

Question：場所を表す語句の後はwhereではないのですか？
Answer：かたまりの中の文構造で使い分けます。関係詞がかたまりの中でS・O・C・〈M〉のどれになっているかを見抜くのがポイントです。

すぐに使ってみよう！➡　➡　➡

Exercises

Mission! [制限時間5分] 関係詞が指すものを見抜く！

次の英文の空所に入れるのに最も適当な語句を，次の①〜④の中から1つ選んでください。

Point：関係詞がかたまり内で持つ働きに注意する。

1：Wow! So sour, but this is [____] apples used to taste like.
① which ② what ③ how ④ where
* used to *do* 昔…した

2：Now, let's ask Makoto [____] he found his job on the Web.
① who ② what ③ how ④ whom

3：This is the reason [____] Daisuke chose the place as his permanent residence.
① why ② what ③ how ④ which
* permanent residence 永住地

4：The reason [____] Aika gave for being late was very believable.
① why ② what ③ how ④ which
* believable 形 信じられる

解　説

解答-1　② ↳15-05

訳　うわ！すごく酸っぱいけど，これが昔のリンゴの味だ。

```
          S  V    C
... this is what apples used to taste like.
[先行詞なし]  関O    S         V      前
```

マコト　先行詞がないから，①which は入らないね。先行詞が絶対に必要だから，答えは②か③だね。

ヨウコ　うん。空所は前置詞 like の O となるものよ。正解は②what ね。

解答-2　③ ↳15-05

訳　それでは，ネット上でどのように仕事を見つけたのか，マコトに聞いてみましょう。

```
                    V    O₁    O₂
Now, let's ask Makoto how he found his job on the Web.
[先行詞なし] <M>  S  V    O    <M>
```

マコト　動詞は find O「O を見つける」で，SVO が成立しているから，空所は <M> だ。<M> になるのは，③の how しかないよ。

ヨウコ　先行詞は見当たらないから，他の語は入らないですね。

先　生　関係詞が作るかたまりの中で，どのような働きをしているのか常に気をつけておきましょう。

解答-3 ① ↳15-04

訳 これが，ダイスケがその地を永住地に選んだ理由です。

```
         SV    C       <M>
... the reason │why Daisuke chose the place as...│.
      [モノ]   <M>    S      V        O     <M>
```

- ヨウコ　先行詞は the reason ね。となると，②と③は違いますね。動詞は choose O「O を選ぶ」で，SVO が成立しているから空所は <M> です。
- マコト　<M> になるのは，①why しかない。
- 先　生　why の先行詞は必ず reason でしたね。

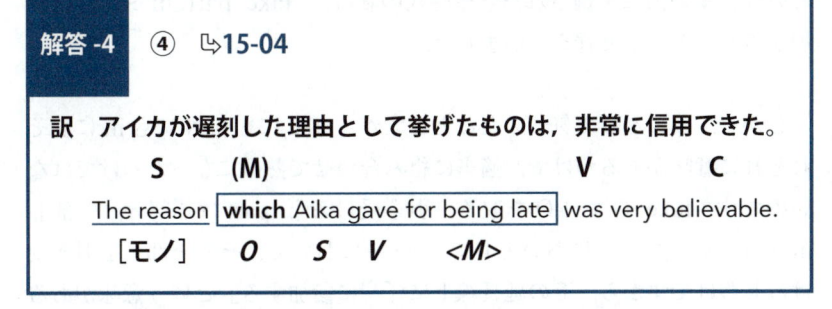

解答-4 ④ ↳15-04

訳 アイカが遅刻した理由として挙げたものは，非常に信用できた。

```
           S           (M)                  V       C
The reason │which Aika gave for being late│ was very believable.
  [モノ]     O    S   V       <M>
```

- マコト　動詞は give O「O を与える」で，O が欠けているから，空所は O の働きをする語が入るな。
- ヨウコ　先行詞もあるし，④の which しかないですね。
- 先　生　先行詞だけで，使う関係詞を判断してはいけない典型的な例ですね。

Lesson-16

Write the date when you start!
month/day ／

whoever や no matter who って何のために使うんですか？──関係詞3

　熟語という言葉には，不思議な力があります。

　「これは熟語だから」「セットで熟語なので」と言われると，その表現の意味を考えなくなり，記号として見てしまうんですね。例えば，私が初めて覚えた熟語は，take part in ～「～に参加する」というものです。熟語という言葉の力に圧倒された学生時代の私は，「take part in ～ ＝ ～に参加する」とセットで覚えていました。

　しかし，後になって気づいたことですが，take にも part にも in にもそれぞれに意味があるわけで，適当に組み合わせて熟語になったわけではないのです。take O で「O を取る，引き受ける」，part は「部分，一部」，in ～「～の中で，～において」です。「～において，その一部，を引き受ける」わけですから，その延長線上に「～に参加する」という意味があるんです。

　「面倒くさい，遠回りだ」と敬遠されそうなアプローチですが，このほうが「記憶に残りやすい上に，自分で使う時に自信を持てる」ということを考えると，結局は近道となります。
　この Lesson で扱う，「-ever」や「no matter ～」も，熟語として覚えさせられることが多い表現です。「ever はどういう機能を持っている？」「no の意味は？」「matter の意味は？」と1つ1つ丁寧に考えることで，これらの表現を堂々と使えるようになりますよ。

制限時間
6分

次の英文の意味を考えてください。

Point：ever や any, no matter が何を表しているのか注目する。

1： This book is a must for anyone who wants to invest wisely.
2： This book is a must for whoever wants to invest wisely.
3： I will make you happy whatever happens to us.
4： I will make you happy no matter what happens to us.
5： Give me a call when it is convenient for you.
6： Give me a call whenever it is convenient for you.

解答欄

1：

2：

3：

4：

5：

6：

Lecture

16-01 any も ever も強調の働き

> **問題** 1：This book is a must for anyone who wants to invest wisely.

ヨウコ　1の文構造はハッキリとわかります。

デキる人の！視点

```
            S   V   C  前  前O   (M)
This book is a must for anyone who wants to invest wisely.
                       [人]   S        V
```

マコト　そうだよね。意味は「この本は、賢く投資をしたい人にとって必読です」って感じかな。

先　生　ほぼOKですが、anyone って単なる「人」でしょうか？ 次の英文と比べてみてください。

> 1'：This book is a must for someone who wants to invest wisely.

ヨウコ　あっ、これも「この本は、賢く投資をしたい人にとって必読です」って意味にしちゃうかも。

マコト　ん？ anyone と someone って何が違うんだ？

先　生　さらに突き詰めると、any と some の違いですよね。まず、some ってどういう意味でしょう？

ヨウコ 「いくつかの」！
先　生 そういう意味だと習うことが多いのですが，少し違うんです。そもそも，someone の one は「1」の意味ですよ。
マコト 確かに「いくつかの1人の人」っておかしいですね。
先　生 はい。では，some の基本の意味をおさえておきましょう。

> **some は「よくわからない」という意味でとらえる！**

先　生 someone, someday, some apples … どれもこの基本の意味が生きているんですよ。
ヨウコ なるほど。someone は「よくわからない人」で「誰か」。someday は「よくわからない日」で「いつか」ね。
マコト うんうん。some apples は「数がよくわからない，複数のリンゴ」で「いくつかのリンゴ」か。
先　生 いいですね。では，1に出てきた any も some と同様，基本の部分を見ていきましょう。

> **any の働きは文全体を【強調】する！**

先　生 【強調】ですから，日本語に訳さない場合もありますが，anyone なら「誰でも，どんな人でも」ということです。例えば，Anyone can do it.（誰でもできるよ。）という文。誰にやらせても「必ず」できるという意味で，can do it の部分を強調していますね。
ヨウコ なるほど。anytime なら「いつでも，どんな時でも」という意味だもの。
マコト そう考えると，<u>anyone と someone は気持ちの強弱が全然違うな</u>。

先　生　ポイントはそこですよ！ 1と1'が書籍の広告文だと仮定して，どちらがふさわしいと思いますか？

  1：This book is a must for anyone who wants to invest wisely.
  1'：This book is a must for someone who wants to invest wisely.

マコト　1！
ヨウコ　「この本は，賢く投資をしたい方なら，どなたにとっても必読です」のような強い意味になりますからね。
マコト　1を見た時に考えた「この本は，賢く投資をしたい人にとって必読です」という意味は，1'の文に近いですね。
先　生　その通りです。では，この意味の違いをおさえた上で，1と似た形の2の文に移りましょう。

> **問題**　2：This book is a must for whoever wants to invest wisely.

マコト　whoever は関係詞っぽいけど，初めて見た形でよくわからない…。
先　生　難しい表現ですよね。でも，実は，1と2は同じ意味なんですよ。
ヨウコ　そうなんですか？

  1：This book is a must for anyone who wants to invest wisely.
  2：This book is a must for whoever wants to invest wisely.

マコト　2つの文の意味が同じということは，for と wants の間にある語

は同じ働きをしてるのがわかる。つまり，**whoever** と **anyone who** が同じ働きをしているってことだ！

ヨウコ　共に「人」を表しているのね。**any** が【強調】を表すということは，これに対応している **ever** の働きは【強調】ってこと？

先　生　鋭いじゃないですか。not と ever が1つになった never は否定の強調ですからね。

ヨウコ　だから，any と ever が同じ働きだと考えることができるのね。

先　生　any と同じく ever も日本語に訳せない場合がありますが，ここで出てきた whoever ～は「～誰でも，どんな人でも～」という意味となります。合わせて，whoever を始めとして，-ever の関係詞は先行詞不要ということに注意しておいてくださいね。

マコト　あ，本当だ。**whoever** の **who** の部分に［人］の意味が含まれていると考えればわかりやすい。

デキる人の！ 視点

　　　　　　　S　　V　　C　　前　　　前　　O
　　　This book is a must for | who**ever** wants to invest wisely |.
　　　　　　　［先行詞なし］　　　　　　S　　　　　　　V

解答

1：この本は，賢く投資をしたいと思う方なら，どなたにとっても必読です。

2：この本は，賢く投資をしたいと思う方なら，どなたにとっても必読です。

16-02　no 〜は「〜がゼロ」、matter は「重要性」

> **解答**
> 3：I will make you happy whatever happens to us.
> 4：I will make you happy no matter what happens to us.

マコト　3 は先ほど出てきた ever ですね。今回は whatever。whatever のかたまりが〈M〉だ。

デキる人の！視点

```
      S    V   O    C      <M>
   I will make you happy whatever happens to us.
           [先行詞なし]    S      V    <M>
```

先　生　形はしっかり見えていますね。日本語にする前に，合わせて 4 を見てみましょう。

マコト　no matter という形が見るからに難しいけど…構造はわかりますよ。「私はあなたを幸せにする」までは意味もわかります。

ヨウコ　no 以降は〈M〉ね。それまでで文が成立しています。happens の S が what で「私たちに起こること」という意味かな。

マコト　やっぱり no matter をどう考えたらいいかわからないな。

```
      S    V   O    C    <M>
   I will make you happy no matter what happens to us.
                       [先行詞なし]    S    V   <M>
```

先　生　見慣れない表現が出てきましたね。まずは，no と matter をそれぞれきちんと理解していきましょう。

ヨウコ　確か no ~ は「~がゼロである」という意味です。Lesson 13 で学びました。

マコト　matter って何だっけ？

先　生　matter にはいろいろな意味があります。it doesn't matter（それは重要ではない）というような表現がよく使われますね。

ヨウコ　では，matter は動詞の場合「重要である」という意味なんですね。

先　生　はい，この matter が名詞として使われる場合，意味はどうなるでしょうか？

ヨウコ　「重要性」ですか？

先　生　はい，その通りです。では，no matter は…。

マコト　あ，**no matter ~は「~は重要性ゼロである」**ってことか。

デキる人の！
視点

　　　　S　　　V　　O　　C　　ゼロ 重要性〈M〉
　　　I will make you happy　no matter what happens to us．
　　　　　　　　　　　　　　　　　　　S　　　V　　〈M〉

先　生　そうです。**no matter ~は後ろに続く内容の重要性をゼロだと表すことで，その外側にある表現を強調している**んです。外側にある表現とは，ここで言えば，I will make you happy ですね。意味は次のように考えてみてください。

---

no matter ~…「~の重要性がゼロ」を表す！
　　　　　　→ ~は大したことがない
　　　　　　→たとえ~であっても

263

ヨウコ　強調？　…ということは，4の文は3と同じ意味ですか？　ともに「私たちに起こることが何であっても」というような意味でしょうか？

　　　　I will make you happy whatever happens to us.

先　生　その通りです。2と3から，**-ever は any を使った強調表現の言い換えにもなれば，no matter を使った強調表現の言い換えにもなる**とわかりますね。whatever に限らず，どれも外側の表現を強調しているんですよ。

マコト　なるほど。no にしても，matter にしても，もとの意味をたどると，理解しやすいですね。

| 問題 | 3：これから先，どんなことがあってもあなたを幸せにする。
4：これから先，どんなことがあってもあなたを幸せにする。 |

16-03　ever を意識しすぎない！

| 問題 | 5：Give me a call when it is convenient for you.
6：Give me a call whenever it is convenient for you. |

マコト　5に出てくる when ～は「～時に」の意味の接続詞ですよね。
ヨウコ　そうね。「都合のいい時に電話してね」という意味ですね。

> **デキる人の！視点**
>
> ```
>        V   O₁  O₂ <M>
> Give me a call  when it is convenient for you .
>                  S  V     C        <M>
> ```

先　生　訳も文構造もバッチリです。6はどうですか？ ever がついているからと言って変に意識しないでくださいね。
マコト　**構造は変わらないな。ever がついただけだ。**
ヨウコ　「-ever は先行詞不要」であることには慣れてきましたし，when は副 だから，かたまりの中で <M> になりますよね。

> **デキる人の！視点**
>
> ```
>               V   O₁  O₂ <M>
>       Give me a call  whenever it is convenient for you .
>       [先行詞なし] <M>       S  V     C        <M>
> ```

先　生　5と6ではどう意味が違いますか？
マコト　ever は【強調】ですから，6は「都合のいい時にいつでも電話してね」という感じでしょうか？
先　生　問題ありませんよ。ever がついても驚くことなく理解できますね。-ever は【強調】の意味を持っているとおさえておけば大丈夫です。

> **解答** 5：都合のいい時に電話してね。
> 6：都合のいい時にいつでも電話してね。

先　生　では，最後に，今回学んだ表現の特徴をまとめておきますね。

> **気づきのまとめ** ❗❗❗
>
> **Question**：whoever や no matter who って何のために使うんですか？
> **Answer**　：強調のためです。no matter は「重要性ゼロ」という意味で，外側の表現を強調します。ever も強調表現で，外側にある表現を強めます。
>
> ───────────────────────────────
>
> ● -ever も no matter ～も先行詞不要
> ● no matter ～のかたまりの働きは必ず 副・〈M〉

すぐに使ってみよう！➡ ➡ ➡ ➡

Exercises

Mission! [制限時間 7 分] | **no matter ／ -ever の使い方を身につける！**

次の英文の空所に入れるのに最も適当な語句を，次の ①〜④ の中から 1 つ選んでください。

> Point：空所が作るかたまりを見抜く。

1：☐ you consult, you'll get the same answer.

① No matter whom　　② Anyone whom
③ No matter what　　④ Whatever

＊ consult 動 〜に相談する

2：☐ wins the election, taxes should be reduced.

① No matter whom　　② Anyone whom
③ No matter who　　④ Whatever

＊ election 名 選挙　　reduce 動 〜を減らす

3：Call me ☐ late it is.

① no matter which　　② however
③ whoever　　　　　　④ whatever

次の英文の意味を考えてください。

> Point：whatever が表す【強調】の意味合いに注意する。

4：At this site you can order anything at whatever time you like!

解説

解答-1 ① ▷16-02

訳　誰に相談しても，同じ解答が返ってくるだろう。

　　　　　　<M>　　　　　　　　　S　　　V　　　O
　　[No matter whom you consult], you'll get the same answer.

マコト　先行詞はないね。

ヨウコ　空所は consult の後に来る相談相手にあたる語が入るから，人を表す語が来るわ。だから，モノを表す③と④は×。

マコト　後半は SVO が成立してるから，空所から consult までのかたまりは <M> になるね。②では結局，Anyone +（M）で名詞のかたまりになってしまうから，①が正解。

解答-2 ③ ▷16-02

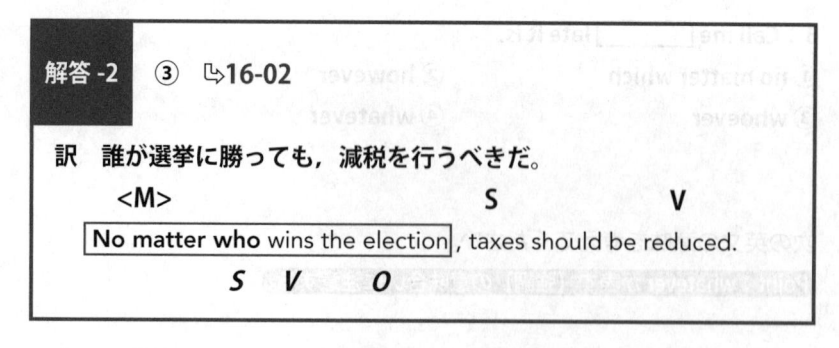

訳　誰が選挙に勝っても，減税を行うべきだ。

　　　　　　<M>　　　　　　　　　　S　　　　V
　　[No matter who wins the election], taxes should be reduced.
　　　　　　　　　　S　　V　　　O

ヨウコ　空所は wins the election の S なんだから，モノじゃなくて人よね。①〜③が候補。S を表すことができるのは③だけね。

解答-3　②　↳16-02

訳　どれだけ遅くなっても，私に電話をください。

```
     V    O    <M>
   Call me |however late it is|.
              <M>     C S V
```

マコト　late it is で SVC が成立してるから，空所はどう考えても <M>。②が正解。でも，語順がどうして CSV になるんだろう。

先生　これは how の特徴です。How は，もともと 形 か 副 を直後に置いて程度を表します。それを ever で強調したんですね。

解答-4　このサイトでは，どれでもいつでもご注文いただけます！　↳16-01

```
  <M> S    V       O        <M>
  … you can order anything <at |whatever time you like|>!
                                  (M)      O  S   V
```

ヨウコ　whatever time you like の構造は，time you like で OSV と考えるのがよさそう。3同様，どうして語順が変わってるのかな？

先生　what 自体もともと，名を直後に持ってきて形容詞の働きもします。what名で「どのような名，どんな名」という意味になります。「どんな色が好きですか？」であれば，What color do you like? と言いますよね。

マコト　なるほど。じゃあ，後半部分は「あなたが好きなどんな時間でも」ってことですね。

Lesson-17

Write the date when you start!
month/day　　　／

関係詞の that と接続詞の that ってどう違うんですか？——that・whether・if

　ついに最後の Lesson までやってきました。最後であっても，確認するのはやはり文の形からです。次の 2 つの文を見てください。

a：This is the bag <u>that</u> he bought.
b：I think <u>that</u> he is a good guy.

　さんざん関係詞を見てきた後だと，「that の先行詞はどれだろう？」と考えてしまいますね。 a は the bag が先行詞となりますが，b の that に先行詞はありません。

　a と b の that は見た目は同じですが，使われる場面が異なると用法ももちろん異なります。当然のように呼び名も異なり，a が関係詞，b が接続詞と呼ばれます。今見てもらった that に加えて，この Lesson では，if と whether という複数の用法を持つ語を扱います。使い分けの基準をしっかりと理解して，正確に英文の意味を判断できるようにしましょう。ここまで理解できれば，英語の基本はおさえたも同然ですよ！

制限時間
6分

次の英文中の下線部をかたまりとして考えた上で文構造をとらえて，意味を考えてください。

Point：かたまりを1つの品詞としてとらえる。

1：The fact that the prime minister revealed surprised the reporters.

2：The fact that the prime minister behaved politely surprised the reporters.
  ＊behave 動 ふるまう　　politely 副 丁寧に

3：Ms. Kotani intended to ask him whether he concealed any fact or not.
  ＊intend to do …するつもりだ　　conceal 動 〜を隠す

4：Ms. Kotani intended to trust him whether he concealed any fact or not.

5：Let's ask the waiter if there is an English menu, if he comes again.

解答欄

1：_____

2：_____

3：_____

4：_____

5：_____

17

Lecture

17-01 普通の接続詞は，かたまりの中では働かない！

> **問題**
> 1：The fact <u>that the prime minister revealed</u> surprised the reporters.
> 2：The fact <u>that the prime minister behaved politely</u> surprised the reporters.

ヨウコ　1の文構造を考えてみると，that は関係詞だと思います。

マコト　that の前にある名詞がモノで，that は reveal の O にあたるよね？

デキる人の！
（視）（点）

```
                    S                      V         O
The fact │that the... minister revealed│ surprised the reporters.
 [モノ]    O           S         V
```

先　生　そうですね。きちんと構造が見えていますね。reveal O で「O を明らかにする」ですから，O の働きは that がしていないと英文が成立しませんね。2 の that はどうでしょう？

ヨウコ　これは関係詞ではなさそうですね。

マコト　関係詞の that なら，S，O，C のどれかになるはず…。

先　生　behave「ふるまう」は O を必要としない動詞ですね。

```
            S
The fact that the ... minister behaved politely
 [モノ]  ?              S        V        <M>
         V      O
surprised the reporters.
```

272

ヨウコ the … minister behaved politely で，**かたまりの中で文が成立しています**ね…。

先　生 その違いを見抜けることが大切なんですよ。that の後ろのかたまり内で that の働きがないのは，この that は関係詞ではないという証拠ですからね。

マコト じゃあ，この that って何なんですか？

先　生 結論から言うと，接続詞の that です。ここで，that を始めとした，接続詞の大原則を確認しておきましょう。

```
接続詞は後ろのかたまりの中では働かない！
```

ヨウコ なるほど。2 の that はその条件を満たしているわけですね。

先　生 はい，that の後ろで文が成立しているので，that はかたまりの中で役割がありませんね。今後，かたまりの中でその語句が接続詞であることは，＊と表記します。

ヨウコ **that に働きがあるかないかで，関係詞の that か接続詞の that か見分けることができるのね。**

17-02 接続詞 that は「〜という（こと）」

マコト 先生，接続詞の that の特徴は何ですか？

先　生 そうですね。ここからが本題です。次の簡単な例で考えてみましょう。

```
        S V          O
   I think |that the prime minister is very polite|.
          *      S        V       C
```

先　生　接続詞 that のかたまりは think の O にあたりますよね。**意味は「～ということ」となります。**このかたまりの品詞は何でしょうか？

ヨウコ　**O だから名詞ですよね！意味も「～ということ」ですしね。**

先　生　正解です。では，意味を確認したところで，この that とセットで使われる語について目を向けてみましょう。この「～ということ」という名詞は，名詞とは言っても，「テレビ」や「おにぎり」のような名詞とは違います。「～ということ」というのは，実際に存在するモノではありませんね。

ヨウコ　確かに。「テレビ」や「おにぎり」は目で見たり手で触れたりできます。

先　生　そうなんです。名詞は具体名詞と抽象名詞に分けられていますよ。

マコト　なるほど。that のかたまりは抽象的だ。

先　生　はい。抽象的なことを私たちは目では把握しませんよね。では，どこで把握しますか？

ヨウコ　頭の中？

先　生　そうです！ここがポイントです。**接続詞 that によってできる抽象名詞のかたまりは，「頭の中」を表す表現と相性がいいんです。**

《言う・思う・わかるなどの動詞》＋ that SV

　例．think, believe　　　　　　　抽象名詞のかたまり
　　　　　or　　　　　　　　　　「SV という（こと）」
《抽象名詞》
　例．thought, belief, fact

マコト	なるほど。think にしても believe にしても，that SV を O にとる動詞は，「頭の中」で行われていることを表す動詞だ。
先　生	そうなんです。では，改めて２の文を見てみましょう。
マコト	大枠としては，The fact surprised the reporters で SVO ですよね。
ヨウコ	抽象名詞である The fact の後に抽象名詞の that のかたまりが並んでいるということですね。
先　生	はい。**前の名詞をその後ろから名詞のかたまりで説明することを同格と呼んでいます。**

デキる人の！
視　点

```
         S        同格
The fact │that the prime minister behaved politely│
  *             S              V           <M>
  V          O
surprised the reporters.
```

マコト	２では，The fact を that のかたまりが後ろから説明しているんだ。
ヨウコ	fact は「事実」で抽象名詞だから，that SV と相性がいいのは当然だわ。

> **解答**
> **１：首相が明らかにした事実が記者たちを驚かせた。**
> **２：首相が丁寧に振る舞ったことが記者たちを驚かせた。**

17

17-03　whetherの使い分けも文構造が重要

> **解答**
> 3：Ms. Kotani intended to ask him <u>whether he concealed any fact or not</u>.
> 4：Ms. Kotani intended to trust him <u>whether he concealed any fact or not</u>.

マコト　3と4の文は見た目がそっくりだ…。whetherってどんな使い方でしたっけ？

先　生　whetherを使いこなすポイントは，やはり文構造なんです。whetherが文中でどのような働きをするか確認しておきましょう。大きく分けて2つです。

---

1. 抽象名詞のかたまりをつくる接続詞 whether
　　whether SV 「〜かどうか」 二択

ヨウコ　「〜かどうか」というのは，名詞なんですね。確かに，「〜かどうかを決める」なんて言った時は，名詞として考えられます。

先　生　そうですね。「**〜かどうか**」ですから，「**二択**」を迫るものだということも理解しておきましょう。次に，もう一方の使い方です。

---

2. 副詞のかたまりをつくる接続詞 whether
　　whether SV 「〜であろうと，…であろうと」 二択の否定 → 強調

マコト　ふむふむ。確かに「～であろうと，…であろうと」って動詞を詳しくしていくもんね。副詞のかたまりだ。

ヨウコ　「明日が晴れようと，雨が降ろうと，大会は開催する」みたいな感じね。

先　生　そうです。「～であろうと，…であろうと」ですから，二択の選択肢 **A，B を否定して，「A か B かは関係ない。言いたいのはこれだ！」と**いうように，**強調を表す**と理解しておきましょう。それでは，この 2 つを意識して，3 と 4 を見てみましょう。

ヨウコ　文構造に注意すると，違いがハッキリします！3 は ask O₁ O₂ 「**O₁ に O₂ を問う**」の **O₂ の位置に whether SVO があると考えられ**るわね。だから 3 の文の **whether SV は名詞のかたまりで「～かどうか」という意味**。

マコト　4 は Ms. Kotani intended to trust him で，**SVO ができているから，whether SV は副詞のかたまりで「～であろうと，…であろうと」**だね。文脈より確実だ。

デキる人の！視点

```
        S            V    O₁
Ms. Kotani intended to ask him
                          O₂
                  whether he concealed any fact or not .
                  ★ whether SV は名詞の働き！


        S            V    O
Ms. Kotani intended to trust him
                     <M>
                  whether he concealed any fact or not .
                  ★ whether SV は副詞の働き！
```

17

解答
3：小谷さんは，彼が事実を隠しているかどうかを彼に尋ねるつもりだった。
4：小谷さんは，彼が事実を隠していようといまいと，彼を信じるつもりだった。

17-04 if の使い分けも文構造が重要

問題 5：Let's ask the waiter <u>if there is an English menu</u>, <u>if he comes again</u>.

先　生　この文に出てくる if の代表的な意味って何でしょう？
マコト　「もし〜なら」がパッと思い浮かぶな。
先　生　そうです。条件を表しますね。if のかたまりは何の品詞の働きをしますか？「もし明日晴れるなら，大会は開催する」という例で考えると…。
ヨウコ　「開催する」という動詞を修飾することになりますので，副詞の働きです。
先　生　OK です。

1．副詞のかたまりをつくる接続詞 if
　　if SV「もし〜なら」条件

先　生　if にはもう1つ意味があるのですが，これは whether と同じです。「〜かどうか」を表す名詞のかたまりです。

2．抽象名詞のかたまりをつくる接続詞 if
　　if SV「〜かどうか」二択

先　生　では，これらを踏まえて5を見てください。
マコト　最初の if のかたまりは O_2 の位置にあるから，名詞のかたまりで「〜かどうか」だ。
ヨウコ　となれば，そこまでで SVO_1O_2 で文が成立しているから，後ろの if のかたまりは副詞のかたまりです。だから「もし〜なら」という意味ね。

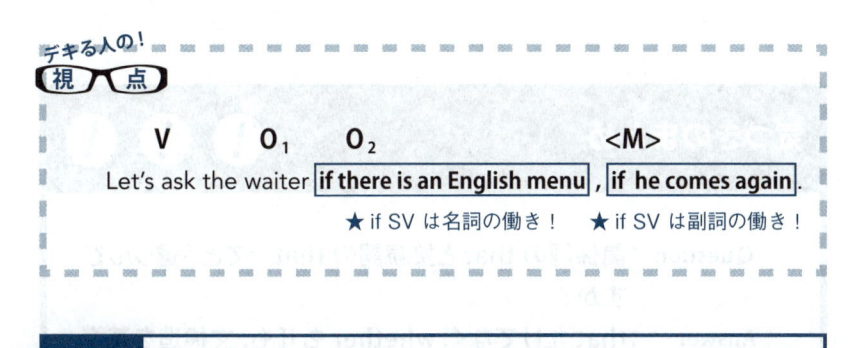

デキる人の！視点

　　　　V　　　O_1　　　O_2　　　　　　　　　　<M>
Let's ask the waiter if there is an English menu , if he comes again.
　　　　　　　　　★ if SV は名詞の働き！　　★ if SV は副詞の働き！

解答　5：ウェイターが次に来たら，英語のメニューがないかどうか聞いてみよう。

17-05 ほとんどの接続詞は <M> の働き

先　生　お疲れさまでした。接続詞を見るたびに,「働きを見抜いて,意味を使い分けて…」と考えるのはなかなか大変でしょうね。

マコト　確かに面倒だった…。

先　生　でも,**文法上等しいものであれば何でもつなぐ and, but, or や名詞節を作る that, whether, if などを除いた他の接続詞は,いつでも副詞 <M> のかたまりを作るんです。** because がいい例ですね。

ヨウコ　because SV なら「なぜなら～だから」で副詞のかたまりね。

先　生　このかたまりは,文構造上はすべて <M> になりますので,置かれている位置は無関係です。あとはその接続詞の意味を地道に覚えていくのみですよ。

気づきのまとめ　❗❗❗

　　　Question　：関係詞の that と接続詞の that ってどう違うんですか?
　　　Answer　　：that だけでなく, whether も if も, 文構造を基準にして見分けることができます。

すぐに使ってみよう！ ➔ ➔ ➔

Exercises

Mission! [制限時間7分] 接続詞のかたまりの働きを見抜く！

次の英文の空所に入れるのに最も適当な語句を，次の①〜④の中から1つ選んでください。

Point：空所の後の文構造に注意する。

1：Everybody in the company has the hope ☐ the situation will get better by the end of May.
　① if　　② that　　③ which　　④ of

2：Everybody in the company has the hope ☐ people should have in this kind of situation.
　① if　　② then　　③ which　　④ of

3：From the look on her face, it was clear ☐ the news was a total shock to her.
　① that　　② for　　③ then　　④ which

次の英文の意味を考えてください。

Point：接続詞のかたまりがS／OなのかMなのか判別する。

4：Whether the conditions are favorable or unfavorable, we will have to sign the contract.

解 説

解答 -1 ② ↳17-02

訳 社員全員が，状況は5月末までによくなるという希望を持っている。
SV　O

… the hope |that the situation will get better by the end| ….
　　　　　　　＊　　　　S　　　　　　V　　　C　　　　<M>

マコト　空所以降では SVC が成立しているな。
ヨウコ　そうなると，関係詞 which はダメよね。④は前置詞なので，動詞をつなぐ働きがないから×。前後にある2つの SV のかたまりをつなぐ接続詞が必要。
マコト　名詞の後に続くのは① if「～かどうか」ではなくて，② that「～という」だね。

解答 -2 ③ ↳17-01

訳 社員全員が，このような状況で持つべき希望を持っている。
SV　O　<M>

… the hope |which people should have in this kind of situation|.
　　　　　　[モノ]　 O　　　S　　　　　V　　　　　　<M>

ヨウコ　have O で「O を持つ」。この動詞の O がないので，明らかに空所は O だわ。前にある the hope の代わりができるのは関係代

名詞の③ which ね。

解答-3 ① ↳**17-02**

訳　顔つきから，その知らせが彼女にとってひどいショックだということは明らかだった。

```
            S  V    C    《S》
… it was clear that the news was a total shock to her.
            *     S    V      C        <M>
```

マコト　空所の後で SVC が成立しているね。空所はかたまり内で働いていない。

ヨウコ　空所前後にそれぞれ SV のかたまりがあるから，接続詞を入れなくてはならないわ。

マコト　そうなると接続詞の that が正解だ。これは前にある代名詞 it と対応するかたまりを作る that SV だね。

解答-4 条件がよかろうと悪かろうと，私たちはその契約を結ばなくてはいけなくなるでしょう。　↳**17-03**

```
<M>
Whether the conditions are favorable or unfavorable,
*            S           V         C
S    V    O
we will have to sign the contract.
```

ヨウコ　後半は SVO が成立しているから，Whether によってできるかたまりは <M> ね。「〜であろうと…であろうと」という意味だわ。

おわりに

『納得の英文法教室』を最後まで読んでいただきありがとうございました。英文法の知識が，皆さんの頭の中で整理され，英文を理解するための，基本的な指針ができあがっていれば嬉しいです。

　さて，英文法の学習は，これで一段落ついたということになりますが，皆さん，**この後の英語学習の計画はできていますか？**　英語学習の旅はここで終わり，ということはありませんよね？　というよりも，本当の学習はここから始まります。

　例えば，TOEIC という目標がある方は，リスニングの英文も，リーディングの英文も，今までとは違う形で，皆さんの耳に，そして目に飛び込んでくることでしょう。大学受験生の皆さんは，入試の問題の見え方が変わり，英文の理解度も変わってくることでしょう。目前に試験という目標がない方は，洋画を見たり，洋楽を聴いたり，洋書を読んだり，英語で会話をしたりする時に，感覚が変わっていることに気づくはずです。

　行き着くところ，私が皆さんに言いたいのは，**英文法を知るだけではダメだ**ということです。このようなことを英文法の本を書いた著者が言うことではないかもしれません。しかし，**英語は言葉です。使って初めて意味があるのです。**このあとがきは，本書の「終わり」ではありますが，皆さんの英語学習の「始まり」でもあるのです。これからは，今までのように英語にビクビクすることなく，思う存分英語を読んで，書いて，聴いて，話してください！　そして，最終的には，英語ができると胸を張れるくらいになっていただきたいのです。そうなった時に，「そういえば昔，『納得の英文法教室』という本を読んだなぁ」とうっすらとでも思い出していただければ幸いです。皆さんの健闘を祈っています。

最後になりましたが，本書，およびこの書籍の元になった映像講座の企画の段階から制作まで，怠惰極まる私を，嫌な顔ひとつせず，見事に導いてくださったZ会の渡邉淳さんには，感謝をしてもしきれません。本当にありがとうございました。また，有形無形，様々なサポートをしてくださったZ会のスタッフの皆さんにも頭の下がる思いです。ありがとうございました。そして，いつものことながら，私が行う授業にいろいろな場所で参加し，教え方に劇的な変化を迫るような，刺激的な質問をぶつけてくれた，そしてこれからもぶつけ続けてくれるであろう生徒の皆さんにも感謝しています。

　さらに，もう一人。振り返ってみると，英文法だけでなく，ものごとを考えることの大切さや楽しさに，私が気づいたきっかけは，中学生の時に出会った本，吉野源三郎著『君たちはどう生きるか』でした。これを手渡してくれたのは，他の誰でもない，私の祖父でした。このような素晴らしい本に，最適のタイミングで出会ったことは，私の人生の中で大きな出来事だったのです。私の祖父は大変な読書家で，80代からインターネットを始め，90をとうに過ぎた今もtwitterに興味津々です。その衰えを知らない好奇心は尊敬に値しますし，そのDNAを微量ながらも受け継いでいることは私の誇りです。時々私は自分の怠惰さに辟易することもありますが，それでも前向きに内省し，前に進もうという気持ちが起こるのは，そのような祖父がいるからだと思います。常々，私によい意味で警鐘を鳴らしてくれる，祖父。私事で恐縮ではありますが，普段，面と向かっては照れくさくて言えない感謝の意を表して，本書の締めくくりにしたいと思います。おじいちゃん，ありがとう。

内山九十九

[校閲協力]
豊田佐恵子
John Schlottman

納得の英文法教室

初版第1刷発行	2011年7月10日
初版第2刷発行	2011年10月10日
著　者	内山九十九
発行人	西村稔
発　行	株式会社 Ｚ会
	〒411-0943　静岡県駿東郡長泉町下土狩 105-17
	TEL　055-976-9095
	http://www.zkai.co.jp/books/
装丁・DTP	TYPE FACE
印刷・製本	日経印刷株式会社

© 内山九十九　2011　★無断で複写・複製することを禁じます
定価はカバーに印刷してあります
乱丁・落丁はお取り替えいたします
ISBN 978-4-86290-079-1 C0082